SUPERPUUVILJA KAUSI KOKARAAMAT

Uuendage oma keha 100 lihtsalt valmistatava kausiga, mis on täis supervilju

Margus Kõiv

Autoriõigus materjal ©2023

Kõik õigused kaitstud

Ühtegi selle raamatu osa ei tohi mingil kujul ega vahenditega kasutada ega edastada ilma kirjastaja ja autoriõiguste omaniku nõuetekohase kirjaliku nõusolekuta, välja arvatud ülevaates kasutatud lühikesed tsitaadid. Seda raamatut ei tohiks pidada meditsiiniliste, juriidiliste või muude professionaalsete nõuannete asendajaks.

SISUKORD

- SISUKORD 3
- SISSEJUHATUS 6
- AÇAÍ KAUSID 7
  - 1. Açaí kauss kapsa mikrorohelistega 8
  - 2. Açaí kauss brasiilia pähklitega 10
  - 3. Açaí marjakauss granaatõunaga 12
  - 4. Açaí marjakauss sidrunheina infusiooniga 14
  - 5. Açaí kauss banaani ja kookosega 16
  - 6. Açaí Cherry Smoothie Bowl 18
  - 7. Açaí kauss meresamblaga 20
  - 8. Açaí Mango Macadamia Bowl 22
  - 9. Vitamin Boost Açaí Bowl 24
  - 10. Flower Power Brazilian Açaí Bowl 26
- KOOKOSKAUSID 28
  - 11. Kookoskinoa hommikusöögikausid 29
  - 12. Coconut Acai Bowl 31
  - 13. Kookose ananassikauss 33
  - 14. Kookose mangokauss 35
  - 15. Kookosemarjakauss 37
  - 16. Kookose papaia kauss 39
  - 17. Kookose kirsikauss 41
  - 18. Coconut Peach Bowl 43
  - 19. Kookosemarja smuutikauss 45
  - 20. Kookose-arbuusikauss 47
- KIWI KAUSID 49
  - 21. Kookospähkli kiivi kauss 50
  - 22. Kiivi papaiakausid 52
  - 23. Kiivikauss tofu ja söödavate lilledega 54
  - 24. Aasia maitsete puuviljakauss 56
  - 25. Vermitud kinoa puuviljakauss 58
  - 26. Eksootiline kiivi kauss 60
  - 27. Pidulik puuviljakauss 62
  - 28. Spinati, kiivi ja maasikakauss 64
  - 29. Quinoa tabbouleh kauss kiiviga 66
- PITAYA KAUSID 68
  - 30. Dragon Fruit ja Granola jogurti kauss 69
  - 31. Pitaya marjakauss 71
  - 32. Pitaya banaanikauss 73
  - 33. Pitaya roheline kauss 75
  - 34. Ploom Wine Infused Dragon Fruit Bowl 77

35. Eksootiliste puuviljade kauss 79
36. Dragon Fruit and Kiwi Bowl 81
37. Dragon Fruit ingveri laimiga kastmekauss 83
38. Dragon Fruit ja Quinoa Bowl 85
39. Dragon Fruit and Crab Bowl 87
40. Draakonipuu waldorfkauss 89

GRANAATÕUNAKAUSI 91
41. Granaatõuna kaerahelbed 92
42. Hirss, riis ja granaatõun 94
43. Mason jar peet, granaatõun ja rooskapsas 96
44. Lõhe granaatõuna ja kinoaga 98
45. Jeruusalemma artišokk granaatõunaga 100
46. Kapsa ja granaatõuna kauss 102
47. Porgandi ja granaatõuna kauss 104
48. Suvikõrvitsa ja granaatõuna kauss 106

GREIPI KAUSID 108
49. Tsitrusviljade ja Radicchio kauss datlitega 109
50. Roosa punane sametkauss 111
51. Greibi, peedi ja sinihallitusjuustu kauss 113
52. Kihiline värske puuviljakauss 115
53. Greibi ja avokaado kauss 117

GOJI MARJAKAUSS 119
54. Kookoskinoa hommikusöögikausid 120
55. Mangold, Goji marjad ja pistaatsia kauss 122
56. Goji Avokaado Kreeka pähkli tsitrusviljade kauss 124
57. Goji kauss Aloe Vera kastmega 126
58. Veisekauss marineeritud goji marjadega 128
59. Squash Goji kausid 131
60. Goji supertoit Jogurtikauss 133
61. Goji Berry Smoothie Bowl 135
62. Goji Berry kaerahelbekauss 137
63. Goji Berry Chia pudingi kauss 139
64. Goji Berry Tropical Smoothie Bowl 141

GRILLIDEGA PUUVILJAKAUSID 143
65. Grillitud pirni ja sinihallitusjuustu kauss 144
66. Grillitud arbuusikauss 146
67. Grillitud virsiku ja rukola kauss 148
68. Grillitud ananassi ja avokaado kauss 150
69. Grillitud kivipuuviljakauss 152
70. Grillitud virsiku ja prosciutto kauss 154
71. Grillitud ananassi ja krevettide kauss 156
72. Grillitud viigimarja- ja halloumikauss 158

73. Laimiga grillitud banaanid 160
74. Grillitud puuviljad mango maitsega 162
75. Grillitud puuviljavaagen 164
76. Grillitud karri värsked puuviljad 166
77. Grillitud Mango Salsa 168

ROHELISED KAUSID 170
78. Roheline Açaĺ kauss puuviljade ja marjadega 171
79. Roheline jumalanna kauss 173
80. Green Power Bowl 175
81. Roheline avokaadokauss 177
82. Roheline Matcha Bowl 179

VALGUKAUSID 181
83. Maapähklivõi banaanikauss 182
84. Šokolaadivalgukauss 184
85. Kodujuustu puuviljakauss 186
86. Tofu marjakauss 188
87. Troopilise valgu puuviljakauss 190
88. Berry Blast Protein Fruit Bowl 192
89. Šokolaadi-maapähklivõi valgu-puuviljakauss 194

BUDHHA KAUSID 196
90. Buddha marjakauss 197
91. Buddha roheline puuviljakauss 199
92. Buddha troopiliste puuviljade kauss 201
93. Buddha maapähklivõi banaanikauss 203
94. Buddha šokolaadikauss 205
95. Õunapirukas Farro hommikusöögikausid 207
96. Granaatõuna ja Freekeh Tabbouleh kausid 209
97. C-vitamiini papaiakausid 211
98. Blackberry Hirssi hommikusöögikausid 213
99. Granaatõunakõrvitsa hommikusöögikausid 215
100. Roosa greibi-, kana- ja odrakausid 217

KOKKUVÕTE 220

SISSEJUHATUS

Tere tulemast superpuuviljakausside maailma, kus maitse kohtub toitumisega! Superpuuviljakausid on maitsev ja lihtne viis lisada oma dieeti erinevaid tervislikke koostisosi. Need kausid on täis toitainerikkaid puuvilju, seemneid ja muid supertoite, mis teeb neist suurepärase valiku kõigile, kes soovivad parandada oma tervist ja heaolu. Ükskõik, kas otsite kiiret ja lihtsat hommikusööki või tervislikku suupistet, on superpuuviljakausid ideaalne lahendus.

Selles kokaraamatus oleme koostanud oma lemmikute superpuuviljakausi retseptide kogumiku. Iga retsept on loodud lihtsaks, kergesti valmistatavaks ja toitainerikkaks. Oleme lisanud erinevaid puuvilju, seemneid ja supertoite, et saaksite koostisosi segada ja omavahel sobitada, et luua oma unikaalsed kausid. Olenemata sellest, kas olete kogenud tervisehuviline või alles alustate supertoitude maailma avastamist, loodame, et leiate nendest retseptidest inspiratsiooni ja naudingut.

AÇAÍ KAUSID

1. Açaí kauss kapsa mikrohaljastega

KOOSTISOSAD:
- ½ tassi kapsa mikrorohelist
- 1 külmutatud banaan
- 1 tass külmutatud punaseid marju
- 4 supilusikatäit Açaí pulbrit
- ¾ tassi mandli- või kookospiima
- ½ tassi tavalist kreeka jogurtit
- ¼ teelusikatäit mandli ekstrakti

GARNIS:
- Röstitud kookoshelbed
- Värsked puuviljad, nagu virsikuviilud, mustikad, vaarikad, murakad, maasikad või kirsid.
- Granola või röstitud pähklid/seemned
- Tilk mett

JUHISED:
a) Blenderda piim ja jogurt suures kiires segistis. Lisage külmutatud puuviljad Açaí, kapsa mikrorohelised ja mandli ekstrakt. Jätkake segamist madalal kuumusel, kuni see on ühtlane, lisades ainult vajadusel vedelikku. See peaks olema PAKS ja kreemjas, nagu jäätis!
b) Jaga smuuti kahte kaussi ja lisa sellele kõik oma lemmiklisandid.

2. Açaí kauss Brasiilia pähklitega

KOOSTISOSAD:
- ½ tassi Brasiilia pähkleid
- 2 aprikoosi, leotatud
- 1½ tassi vett
- 1 spl Açaí pulbrit
- ¼ tassi murakad, külmutatud
- 1 näputäis soola

JUHISED:
a) Sega Brasiilia pähklid vees ja kurna läbi traatsõela.
b) Blenderda kõigi teiste koostisosadega.

3. Açaí marjakauss granaatõunaga

KOOSTISOSAD:
- 8 untsi külmutatud Açaí püreed, sulatatud
- 1 tass külmutatud vaarikaid
- 1 tass külmutatud mustikaid
- 1 tass külmutatud murakaid
- 1 tass külmutatud maasikaid
- ½ tassi granaatõunaseemneid
- 1½ tassi granaatõuna mahla

JUHISED:
a) Kombineerige Açaí, vaarikad, mustikad, murakad, maasikad ja granaatõunaseemned suures kausis. Jagage segu 4 lukuga sügavkülma koti vahel. Külmutage kuni kuu aega, kuni see on serveerimiseks valmis.
b) Asetage ühe koti sisu blenderisse, lisage ohtralt ⅓ tassi granaatõunamahla ja segage ühtlaseks massiks. Serveeri kohe.

4. Açaí marjakauss sidrunheina infusiooniga

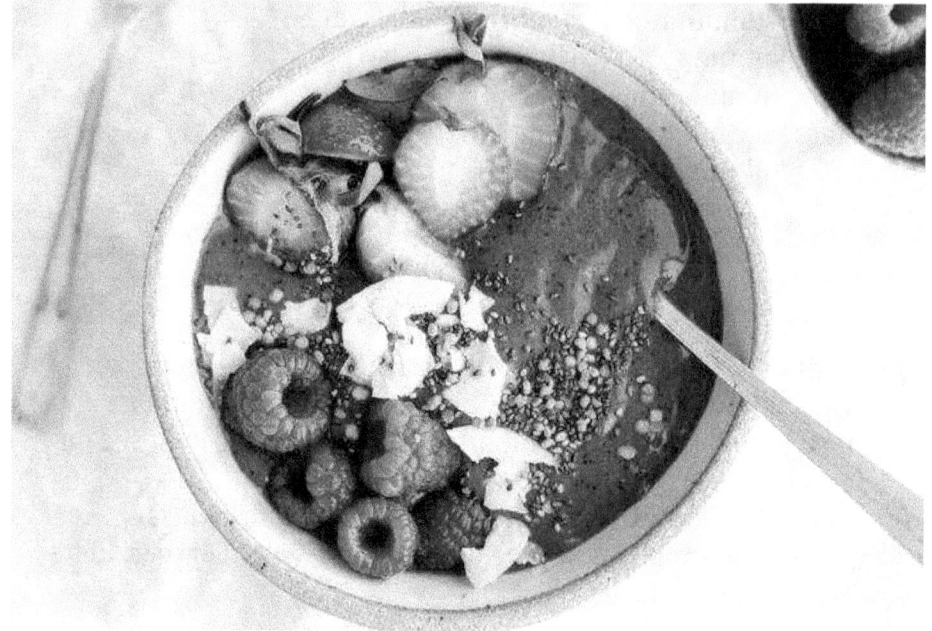

KOOSTISOSAD:
- 2 supilusikatäit värskeid vaarikaid
- 2 supilusikatäit värskeid murakaid
- 2 supilusikatäit värskeid mustikaid
- 2 supilusikatäit värskeid mustsõstraid
- 2 tl Açaí marjapulbrit
- 800ml sidrunheina infusioon, külm
- veidi mineraalvett
- näputäis vahtrasiirupit või näputäis stevia pulbrit

JUHISED:
a) Aseta värsked marjad ja Açaí marjapulber blenderisse või köögikombaini, lisa sidrunheina leotis ja blenderda ühtlaseks siidiseks tekstuuriks.
b) Vajadusel lisa veidi mineraalvett, et saavutada meelepärane konsistents.

5. Açaí kauss banaani ja kookospähkliga

KOOSTISOSAD:
- ¾ tassi õunamahla
- ½ tassi kookosjogurtit
- 1 banaan
- 2 tassi külmutatud segatud marju
- 150 g külmutatud Açaí püreed

TÄIDISED:
- Maasikad
- Banaan
- Granola
- Kookoshelbed
- Pähklivõi

JUHISED:
a) Lisage blenderisse õunamahl ja kookosjogurt.
b) Lisa ülejäänud koostisosad ja kinnita kaas. Valige muutuja 1 ja suurendage aeglaselt muutujani 10. Kasutage tamperit, et suruda koostisosad teradesse ja segada 55 sekundit või kuni segu on ühtlane ja kreemjas.

6. Açaí Cherry Smoothie Bowl

KOOSTISOSAD:
- 4 supilusikatäit kookosjogurtit
- ½ tassi kühveldatavat külmutatud Açaí-d
- 2 banaani, värsket või külmutatud
- ½ tassi külmutatud kirsse
- 1 cm tükk värsket ingverit

TÄIDISED:
- India pähklivõi
- Kookose jogurt
- Viigimarja, viilutatud
- Tume šokolaadi tükid
- Mustikad
- Kirsid

JUHISED:
a) Enne ülejäänud koostisosade lisamist segisti anumasse lisage kookosjogurt ja kinnitage kaas.
b) Blenderda kõrgel temperatuuril 55 sekundit kuni kreemjaks. Vala oma lemmikkookoskaussi, laota lisanditega ja naudi!

7. Açaí kauss meresamblaga

KOOSTISOSAD:
- Merisammal
- Açaí marjapüree
- ½ tassi granola
- 2 supilusikatäit maca pulbrit
- 2 supilusikatäit kakaopulbrit
- 1 supilusikatäis mandlivõid
- Teie valitud puuvili
- Kaneel

JUHISED:
a) Segage koostisosad ja lisage ülaosale värskeid puuvilju.
b) Nautige.

8. Açaí Mango Macadamia Bowl

KOOSTISOSAD:
- ½ Açaí püree
- 1 külmutatud banaan
- ½ tassi külmutatud mangot
- ¼ tassi makadaamia pähkli piima
- Peotäis india pähkleid
- 2 piparmündioksa
- Lisandid: viilutatud mango, viilutatud banaanid, röstitud kookoseviilud

JUHISED:
a) Segage kõik koostisosad, valage peale ja nautige oma mango makadaamia Açaí kaussi!

9. Vitamin Boost Açaí Bowl

KOOSTISOSAD:
- ½ Açaí püree
- 1 tass mustikaid
- ½ küpset avokaadot
- 1 tass kookosvett või piimavaba piima
- ½ tassi piimavaba jogurtit
- 1 spl pähklivõi
- 1 spl kookosõli

JUHISED:
a) Pane see kõik blenderisse ja naudi.
b) Kui soovite sellest kaussi teha: lisage veel Açaí püreed ja külmutatud banaan.
c) Blenderda kuni paksuks, vala kaussi ja lisa oma lemmik värsked puuviljad.

10. Flower Power Brasiilia Açaí Bowl

KOOSTISOSAD:
AÇAÍ EEST
- 200 g külmutatud açaí-d
- ½ banaani, külmutatud
- 100 ml kookosvett või mandlipiima

TÄIDISED
- Granola
- Söödavad lilled
- ½ banaani, tükeldatud
- ½ supilusikatäit toores mett
- Granaatõuna seemned
- Hakitud kookospähkel
- Pistaatsiapähklid

JUHISED:
a) Lihtsalt lisage açaí ja banaan köögikombaini või blenderisse ning blenderdage ühtlaseks massiks.
b) Sõltuvalt sellest, kui tugev teie masin on, peate võib-olla lisama veidi vedelikku, et see kreemjaks muutuks. Alusta 100 ml-st ja lisa vastavalt vajadusele.
c) Vala kaussi, lisa lisandid ja naudi!

KOOKOSKAUSID

11. Kookose-kinoa hommikusöögikausid

KOOSTISOSAD:
- 1 spl kookosõli
- 1½ tassi punast või musta kinoat, loputatud
- 14 untsi purk magustamata heledat kookospiima
- 4 tassi vett
- Peen meresool
- supilusikatäit mett, agaavi- või vahtrasiirupit
- 2 tl vaniljeekstrakti
- Kookose jogurt
- Mustikad
- Goji marjad
- Röstitud kõrvitsaseemned
- Röstitud magustamata kookoshelbed

JUHISED:

a) Kuumuta potis õli keskmisel kuumusel. Lisa kinoa ja rösti umbes 2 minutit, sega sageli. Segage aeglaselt kookospiima purk, vesi ja näputäis soola. Kinoa hakkab alguses mullitama ja purskuma, kuid settib kiiresti.

b) Kuumuta keemiseni, seejärel kata kaanega, alanda kuumust ja hauta kuni pehme kreemja konsistentsini, umbes 20 minutit. Eemaldage tulelt ja segage mesi, agaav, vahtrasiirup ja vanill.

c) Serveerimiseks jaga kinoa kausside vahel. Kõige peale lisa kookospiim, kookosjogurt, mustikad, goji marjad, kõrvitsaseemned ja kookoshelbed.

12. Kookose Acai kauss

KOOSTISOSAD:
- 1 pakk külmutatud acai püreed
- 1/2 külmutatud banaani
- 1/2 tassi kookospiima
- 1/4 tassi külmutatud mustikaid
- 1 spl mett
- Lisandid: viilutatud banaan, riivitud kookospähkel, granola ja värsked marjad.

JUHISED:
a) Sega acai püree, külmutatud banaan, kookospiim, mustikad ja mesi segistis ühtlaseks massiks.
b) Vala segu kaussi ja lisa lisandid.

13. Kookose ananassikauss

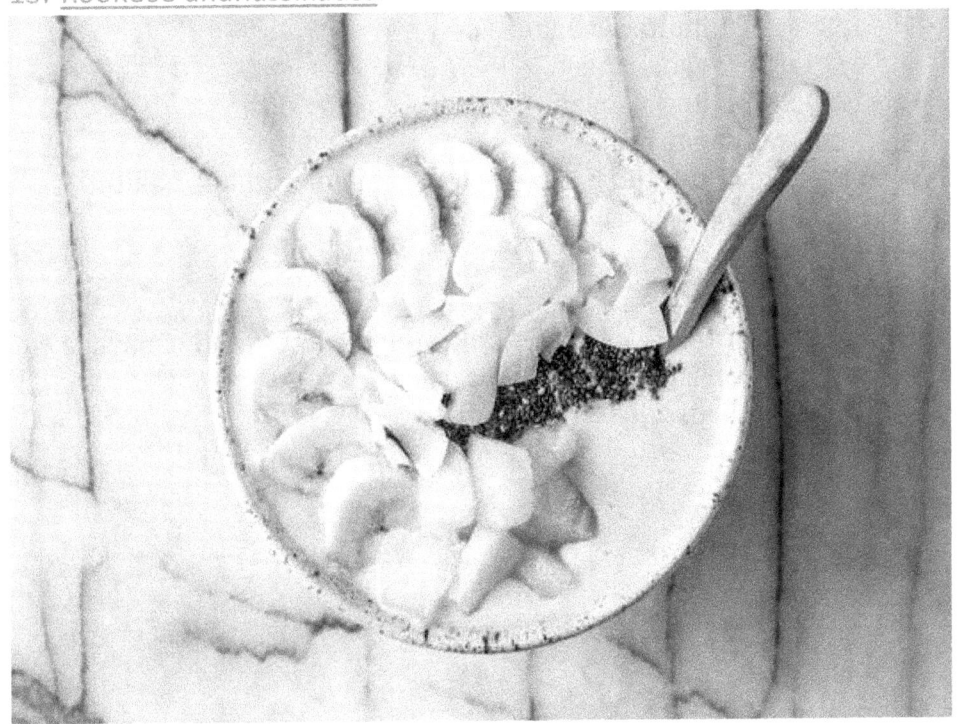

KOOSTISOSAD:
- 1/2 tassi külmutatud ananassi
- 1/2 tassi kookospiima
- 1/2 külmutatud banaani
- 1 spl chia seemneid
- Lisandid: viilutatud banaan, värsked ananassitükid, hakitud kookospähkel ja granola.

JUHISED:
a) Sega külmutatud ananass, kookospiim, külmutatud banaan ja chia seemned segistis ühtlaseks massiks.
b) Vala segu kaussi ja lisa lisandid.

14. Kookose mangokauss

KOOSTISOSAD:
- 1/2 tassi külmutatud mangot
- 1/2 tassi kookospiima
- 1/2 külmutatud banaani
- 1 spl kanepiseemneid
- Lisandid: viilutatud banaan, värsked mangotükid, hakitud kookospähkel ja granola.

JUHISED:
a) Sega külmutatud mango, kookospiim, külmutatud banaan ja kanepiseemned segistis ühtlaseks massiks.
b) Vala segu kaussi ja lisa lisandid.

15. Kookose marjakauss

KOOSTISOSAD:
- 1/2 tassi külmutatud segatud marju
- 1/2 tassi kookospiima
- 1/2 külmutatud banaani
- 1 spl mandlivõid
- Lisandid: viilutatud banaan, värsked marjad, riivitud kookospähkel ja granola.

JUHISED:

a) Sega külmutatud marjad, kookospiim, külmutatud banaan ja mandlivõi segistis ühtlaseks massiks.
b) Vala segu kaussi ja lisa lisandid.

16. Kookose papaia kauss

KOOSTISOSAD:
- 1/2 tassi külmutatud papaiat
- 1/2 tassi kookospiima
- 1/2 külmutatud banaani
- 1 spl chia seemneid
- Lisandid: viilutatud banaan, värske papaia tükid, hakitud kookospähkel ja granola.

JUHISED:
a) Sega külmutatud papaia, kookospiim, külmutatud banaan ja chia seemned segistis ühtlaseks massiks.
b) Vala segu kaussi ja lisa lisandid.

17. Kookose kirsikauss

KOOSTISOSAD:
- 1/2 tassi külmutatud kirsse
- 1/2 tassi kookospiima
- 1/2 külmutatud banaani
- 1 spl kakao nibs
- Lisandid: viilutatud banaan, värsked kirsid, hakitud kookospähkel ja granola.

JUHISED:
Blenderis külmutatud kirsid, kookospiim, külmutatud banaan ja kakaotükid ühtlaseks massiks. Vala segu kaussi ja lisa lisandid.

18. Kookose virsikukauss

KOOSTISOSAD:
- 1/2 tassi külmutatud virsikuid
- 1/2 tassi kookospiima
- 1/2 külmutatud banaani
- 1 spl makadaamiapähkleid
- Lisandid: viilutatud banaan, värske virsiku viilud, hakitud kookospähkel ja granola.

JUHISED:

Sega külmutatud virsikud, kookospiim, külmutatud banaan ja makadaamia pähklid segistis ühtlaseks massiks. Vala segu kaussi ja lisa lisandid.

19. Kookosemarja smuutikauss

KOOSTISOSAD:
- 1 tass külmutatud segatud marju
- 1/2 tassi kookospiima
- 1 külmutatud banaan
- 1 spl mett
- Lisandid: viilutatud banaan, värsked marjad, riivitud kookospähkel ja granola.

JUHISED:
Sega külmutatud marjad, kookospiim, külmutatud banaan ja mesi segistis ühtlaseks massiks. Vala segu kaussi ja lisa lisandid.

20. Kookose arbuusikauss

KOOSTISOSAD:
- 1 tass külmutatud arbuusitükke
- 1/2 tassi kookospiima
- 1/2 külmutatud banaani
- 1 spl piparmündi lehti
- Lisandid: viilutatud banaan, värsked arbuusitükid, hakitud kookospähkel ja granola.

JUHISED:
a) Sega külmutatud arbuusitükid, kookospiim, külmutatud banaan ja piparmündilehed segistis ühtlaseks massiks. Vala segu kaussi ja lisa lisandid.

KIWI KAUSID

21. Kookose kiivi kauss

KOOSTISOSAD:
- 1/2 tassi külmutatud kiivi
- 1/2 tassi kookospiima
- 1/2 külmutatud banaani
- 1 spl linaseemneid
- Lisandid: viilutatud banaan, värsked kiivi viilud, hakitud kookospähkel ja granola.

JUHISED:
a) Sega külmutatud kiivi, kookospiim, külmutatud banaan ja linaseemned segistis ühtlaseks massiks.
b) Vala segu kaussi ja lisa lisandid.

22. Kiivi papaia kausid

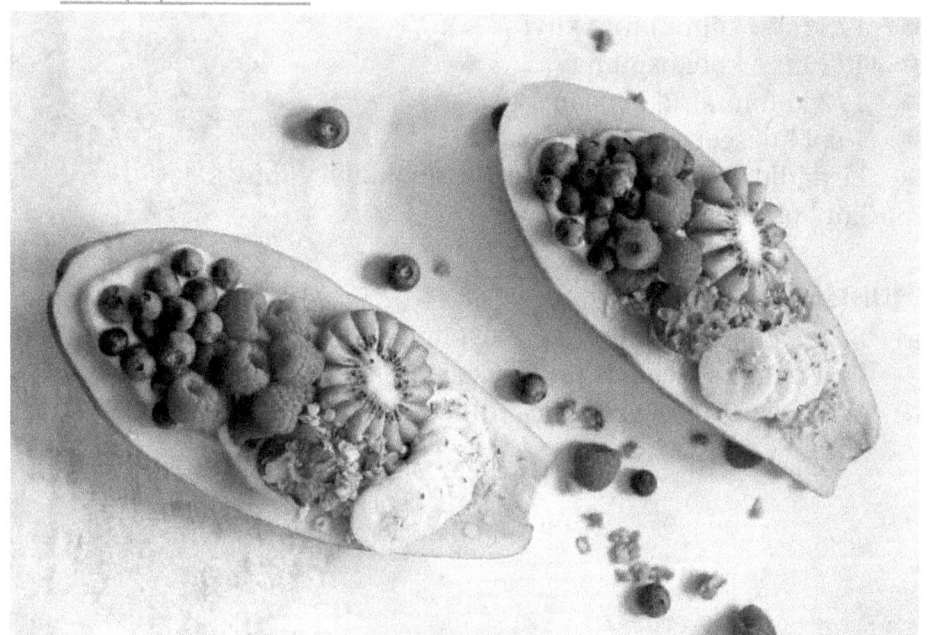

KOOSTISOSAD:
- 4 spl amaranti, jagatud
- 2 väikest küpset papaiat
- 2 tassi kookosjogurtit
- 2 kiivit, kooritud ja kuubikuteks lõigatud
- 1 suur roosa greip, kooritud ja segmenteeritud
- 1 suur nabaapelsin, kooritud ja segmenteeritud
- Kanepiseemned
- Mustad seesamiseemned

JUHISED:
a) Kuumuta kõrget laia kastrulit keskmisel-kõrgel kuumusel mitu minutit. Kontrollige, kas pann on piisavalt kuum, lisades paar tera amaranti. Need peaksid värisema ja hüppama mõne sekundi jooksul. Kui ei, siis kuumuta panni minut kauem ja katseta uuesti. Kui pann on piisavalt kuum, lisa 1 spl amaranti.
b) Terad peaksid hakkama hüppama mõne sekundi jooksul.
c) Kata pott kaanega ja raputa aeg-ajalt, kuni kõik terad on paisunud. Valage potsatatud amarant kaussi ja korrake ülejäänud amarandiga, 1 supilusikatäis korraga.
d) Lõika papaiad pikuti pooleks, varrest sabani, seejärel eemalda ja visake seemned ära. Täida kumbki pool poputatud amarandi ja kookosjogurtiga.
e) Tõsta peale kiivi-, greibi- ja apelsinitükid ning puista peale kanepi- ja seesamiseemneid.

23. Kiivikauss tofu ja söödavate lilledega

KOOSTISOSAD:
SUVESALATIKS:
- 2 pead võisalatit
- 1 nael lambasalatit
- 2 kuldset kiivit kasutage rohelist, kui kuldset pole saadaval
- 1 peotäis söödavaid lilli pole kohustuslik – kasutasin oma aiast pärit õhtupriimulat
- 1 peotäis kreeka pähkleid
- 2 tl päevalilleseemneid valikuline
- 1 sidrun

TOFU FETA KOHTA:
- 1 plokk tofut kasutasin eriti tugevat
- 2 spl õunasiidri äädikat
- 2 spl värsket sidrunimahla
- 2 spl küüslaugupulbrit
- 2 spl sibulapulbrit
- 1 tl tilli värskelt või kuivatatult
- 1 näputäis soola

JUHISED:
a) Lõika eriti tihke tofu kausis kuubikuteks, lisa kõik ülejäänud ained ja püreesta kahvliga.
b) Pane suletud anumasse ja hoia paar tundi külmkapis.
c) Serveerimiseks asetage suuremad lehed oma suure kausi põhja: võisalat ja lambasalat peal.
d) Viiluta kiivid ja aseta salatilehtede peale.
e) Puista kaussi veidi kreeka pähkleid ja päevalilleseemneid.
f) Valige ja hoolikalt oma söödavad lilled. Asetage need õrnalt salati ümber.
g) Võta tofufeta külmkapist välja, sel hetkel peaks saama selle sisse lõigata/murendada. Pange ümberringi mõned suured tükid.
h) Valage poole sidruni mahl üle ja tooge teine pool lauale, et lisada.

24. Aasia maitsetega puuviljakauss

KOOSTISOSAD:
- 8-untsine litšipurk, pakendatud siirupisse
- 1 laimi mahl
- 1 tl laimi koort
- 2 tl suhkrut
- ¼ tassi vett
- 1 küps mango, kooritud, kivideta ja 1/2-tollisteks kuubikuteks lõigatud
- 1 Aasia pirn, südamikust puhastatud ja 1/2-tollisteks kuubikuteks lõigatud
- 2 banaani, kooritud ja lõigatud 1/4-tollisteks segmentideks
- 1 kiivi, kooritud ja lõigatud 1/4-tollisteks segmentideks
- 1 spl purustatud soolamata grillitud maapähkleid

JUHISED:
a) Pane litši siirup väikesesse kastrulisse.
b) Kuumuta litši siirupit koos laimimahla ja -koorega, samuti suhkru ja veega tasasel tulel, kuni suhkur lahustub. Lase keema tõusta, seejärel tõsta tulelt. Laske jahtuda.
c) Lisa litši sisaldavale roale mango, pirn, banaanid ja kiivid.
d) Serveeri pritsmete säilitatud siirupiga ja peotäie maapähklitega.

25. Vermitud kinoa puuviljakauss

KOOSTISOSAD:
- ¼ teelusikatäit soola
- 6 untsi kinoa, kuumtöötlemata
- ⅓ tassi piparmünt, hakitud
- ¼ tassi jogurtit
- 2 supilusikatäit apelsinimahla
- 1½ tassi maasikaid, viilutatud
- 2 keskmist kiivi
- 1 tass mandariini apelsine

JUHISED:
a) Kuumuta keskmises kastrulis 2 tassi vett ja soola keemiseni ning lisa kinoa.
b) Alanda kuumust ja hauta 15 minutit, kuni kinoa on läbipaistev.
c) Sega köögikombainis või blenderis kokku piparmünt, jogurt ja mahl ning püreesta ühtlaseks massiks. Kõrvale panema.
d) Kõrvale kuus maasikaviilu ja kolm kiivi viilu kaunistamiseks. Segage suures serveerimiskausis ülejäänud maasikad, ülejäänud kiivid ja mandariiniapelsini osad.
e) Vala jogurtikaste puuviljasegule ja viska katteks. Lisa keedetud kinoa ja sega ettevaatlikult läbi.
f) Kaunista reserveeritud maasika- ja kiiviviiludega. Hoidke kaanega 2 tundi külmkapis, kuni see on põhjalikult jahtunud.

26. Eksootiline kiivide kauss

KOOSTISOSAD:
- 6 kiivit, kooritud ja tükeldatud
- 2 banaani, kooritud ja tükeldatud
- 2 supilusikatäit kondiitri suhkrut
- 2 supilusikatäit sidrunimahla
- ½ tl vaniljeekstrakti
- ¼ tl jahvatatud Hiina 5-vürtsi pulbrit
- ½ vaarikaid
- Mango
- Ananass
- Kondiitrite suhkur
- Mündi lehed

JUHISED:
a) Vahusta suhkur, sidrunimahl, vanill ja Hiina 5-vürtsi pulber, kohanda maitse järgi, lisades rohkem või vähem koostisosi.
b) Lisa mangod ja vaarikad ning viska need kokku.
c) Vahetult enne serveerimist asetage kiivid ringikujuliselt iga nelja magustoidutaldriku välisservale, asetage kiividega kattuvad sisemised banaaniviilud, jättes magustoidutaldriku keskele ruumi.
d) Tõsta keskele lusikaga leotatud vaarikad ja mangod, puista üle kondiitri suhkruga ja kaunista piparmündilehtedega.

27. Pidulik puuviljakauss

KOOSTISOSAD:
- 1 purk Ananassi tükid
- ½ tassi suhkrut
- 3 supilusikatäit universaalset jahu
- 1 muna, kergelt pekstud
- 2 purki mandariini apelsine
- 1 purk pirnid
- 3 iga kiivi
- 2 suurt õuna
- 1 tass pekanipähkli poolikud

JUHISED:
a) Nõruta ananass, jäta mahl alles. Pange ananass kõrvale. Valage mahl väikesesse kastrulisse ning lisage suhkur ja jahu. Kuumuta keemiseni.
b) Sega kiiresti munaga ja küpseta, kuni see pakseneb. Eemaldage tulelt, jahutage.
c) Pane külmkappi. Segage suures kausis ananass, apelsinid, pirnid, kiivid, õunad ja pekanipähklid. Vala peale kaste ja sega korralikult läbi. Katke ja jahutage 1 tund.

28. Spinati, kiivi ja maasikakauss

KOOSTISOSAD:
- 2 kimp spinatit, pestud ja rebitud
- 2 kiivit, kooritud ja viilutatud
- 1-liitrine maasikad, kooritud ja viilutatud
- Riietus:
- 2 spl seesamiseemneid
- 1 spl mooniseemneid
- ¼ tassi siidri äädikat
- ¼ tassi granuleeritud suhkrut
- ½ tassi salatiõli
- 1 tl Worcestershire'i kastet
- ½ tl paprikat
- 4 tl Hakitud sibulat

JUHISED:
a) Sega kastme koostisosad purki. Katke ja loksutage korralikult. Lase seista, et maitsed seguneksid.
b) Serveerimisel asetage spinat kaussi.
c) Lisa kiivid ja maasikad. Viska üle kastmega.

29. Quinoa tabbouleh kauss kiiviga

KOOSTISOSAD:
- 1 ½ tassi kiivikinoat, kuumtöötlemata
- 1 ½ tassi värskeid ürte
- ½ väikest punast sibulat, hakitud
- 2 sidruni mahl
- ⅓ tassi ekstra neitsioliiviõli
- Sool ja pipar maitse järgi

JUHISED:

a) Loputage 1½ tassi kiivikinoat ja asetage kastrulisse 6 tassi veega. Kata kaanega ja kuumuta keemiseni. Alanda kuumust, et keeda umbes 20 minutit või kuni kinoa sabad eralduvad. Kurna liigne vesi ja lase jahtuda.

b) Sega väiksemas kausis kokku värskelt hakitud ürdid, punane sibul ja sidrunimahl – lase 5 minutit marineerida, seejärel lisa oliiviõli. Kombineerige ürdisegu ja kiivikinoa ning segage.

c) Maitsesta soola ja pipraga maitse järgi.

PITAYA KAUSID

30. Draakoni puuvilja ja granola jogurti kauss

KOOSTISOSAD:
- 1 draakoni vili
- 1 tass kreeka jogurtit
- 1/2 tassi granola
- 1 spl mett

JUHISED:
a) Lõika draakonivili pooleks ja eemalda viljaliha.
b) Sega kausis kreeka jogurt ja mesi.
c) Laota eraldi kaussi draakoni viljaliha, Kreeka jogurtisegu ja granola.
d) Korrake kihte, kuni kõik koostisosad on kasutatud.
e) Serveeri jahutatult.

31. Pitaya marjakauss

KOOSTISOSAD:
- 1 külmutatud pitaya pakk
- 1/2 tassi külmutatud segatud marju
- 1/2 külmutatud banaani
- 1/2 tassi mandlipiima
- Lisandid: värsked marjad, viilutatud banaan, granola ja hakitud kookospähkel.

JUHISED:
a) Sega külmutatud pitaya pakk, külmutatud segatud marjad, külmutatud banaan ja mandlipiim segistis ühtlaseks massiks.
b) Vala segu kaussi ja lisa lisandid.

32. Pitaya banaanikauss

KOOSTISOSAD:
1 külmutatud pitaya pakk
1 külmutatud banaan
1/2 tassi kookospiima
1 spl mett
Lisandid: viilutatud banaan, granola ja hakitud kookospähkel.
JUHISED:
Sega külmutatud pitaya pakk, külmutatud banaan, kookospiim ja mesi segistis ühtlaseks massiks. Vala segu kaussi ja lisa lisandid.

33. Pitaya roheline kauss

KOOSTISOSAD:
- 1 külmutatud pitaya pakk
- 1/2 külmutatud banaani
- 1/2 tassi külmutatud ananassi
- 1/2 tassi spinatit
- 1/2 tassi kookosvett
- Lisandid: viilutatud banaan, värsked marjad, granola ja riivitud kookospähkel.

JUHISED:
a) Sega külmutatud pitaya pakk, külmutatud banaan, külmutatud ananass, spinat ja kookosvesi segistis ühtlaseks massiks.
b) Vala segu kaussi ja lisa lisandid.

34. Ploomiveiniga draakonipuuviljakauss

KOOSTISOSAD:
- 2 valget draakoni vilja
- 2½ tassiploomivein
- 1 punni mustikad
- 300 g musti viinamarju, seemneteta
- 2 laimi
- 2 tl tuhksuhkrut

JUHISED:
SALAT
a) Lõika draakonivili pikuti pooleks. Kasutades melonipalli väiksemat otsa, kerige nii palju draakoni viljapalle, kui saate. Asetage pallidega draakonivili purki või kaussi ja valage draakoniviljadele ploomivein, kuni see on täielikult vee all. Aseta vähemalt ööpäevaks külmkappi. Nõruta ja tõsta kõrvale.

b) Peske mustikad, kuivatage ja asetage kõrvale.

c) Lõika seemneteta mustad viinamarjad pooleks või kolmandikuks, kui need on üsna suured. Kõrvale panema.

d) Koori 2 laimi. Sega laimikoor tuhksuhkruga.

KOOSTAMINE
e) Sega keskmise suurusega segamiskausis õrnalt draakonipuuvili, mustikad ja mustad viinamarjad.

f) Tõsta puuviljasalat serveerimistaldrikule.

g) Puista ohtralt laimikoore ja suhkruseguga.

h) Serveeri kohe.

35. Eksootiliste puuviljade kauss

KOOSTISOSAD:
- 2 küpset mangot, papaiat või
- 6 kiivit, kooritud ja tükeldatud
- 2 banaani, kooritud ja tükeldatud
- 2 supilusikatäit kondiitri suhkrut
- 2 supilusikatäit sidrunimahla või mett
- ½ tl vaniljeekstrakti
- ¼ tl jahvatatud Hiina 5-vürtsi pulbrit
- ½ vaarikaid
- 1 draakoni vili, kuubikuteks
- Kondiitrite suhkur
- Mündi lehed

JUHISED:
a) Vahusta suhkur, sidrunimahl või mesi, vanill ja Hiina 5-vürtsi pulber.
b) Viska sisse kõik puuviljad.
c) Puista üle kondiitri suhkruga ja kaunista piparmündilehtedega.

36. Draakonipuu ja kiivi kauss

KOOSTISOSAD:
- 1 draakonivili pooleks lõigatud, kühvliga välja võetud ja kuubikuteks lõigatud
- 1 kiivi, kooritud ja viilutatud
- ½ tassi mustikaid
- ½ tassi vaarikaid
- ½ tassi maasikaid

JUHISED:
a) Koorige draakoni viljaliha lusikaga ettevaatlikult välja, jättes koore serveerimiskausina kasutamiseks puutumata.
b) Tükelda draakonivili, kiivid ja maasikad.
c) Sega ja aseta kaussina tagasi pitaya koore sisse.

37. Dragon Fruit ingveri laimiga kastmekauss

KOOSTISOSAD:
SALATI JAOKS
- 2 draakoni vilja
- 1 papaia
- 2 kiivi
- 1 punni mustikad
- 1 punnet maasikat

RIIDEMISEKS
- ½ tassi laimimahla (värskelt pressitud)
- 2 supilusikatäit ingverit (värskelt riivitud)
- 2 supilusikatäit pruuni suhkrut

JUHISED:
a) Pese draakonivili ja lõika pikuti pooleks, minu meelest on lihtsam kasutada suure lusikaga viljaliha suure lusikaga välja kühveldada, aga võid ka õrnalt viljaliha küljest ära võtta. Asetage draakonivili lõikelauale esikülg allapoole ja lõigake see hammustuse suurusteks kuubikuteks.

b) Peske papaia ja koorige köögiviljakoorijaga, lõigake see pikuti pooleks, seejärel eemaldage seemned lusikaga ja loputage, et eemaldada kõik seemned. Asetage lõikelaud näoga allapoole ja lõigake hammustuse suurusteks kuubikuteks.

c) Peske ja koorige kiivid, tükeldage pikuti neljaks ja lõigake hammustuse suurusteks tükkideks.

d) Asetage maasikad kurn ja loputage hästi õrnalt jooksva külma vee all, et neid mitte kahjustada. Maasikad imavad vett kergesti, mistõttu on parem neid pesta ja seejärel koorida.

e) Koputage õrnalt kurna põhja kraanikaussi, et vesi saaks välja voolata, ja kuivatage. Koorige marjad ja lõigake need pooleks või neljaks, olenevalt nende suurusest.

f) Aseta mustikad eraldi kurn ja loputa hästi õrnalt jooksva külma vee all. Koputage kurn ja kuivatage.

g) Asetage kõik kastme koostisosad klaaskinnitusega anumasse ja loksutage hästi, et need seguneksid.

h) Maitse ja kohanda oma maitse järgi. Kui eelistate midagi veidi magusamat, siis lisage veel suhkrut, mett või vahtrasiirupit.

i) Asetage puuviljad, marjad ja kaste suurde segamisnõusse ning segage hästi. Laota kaussi ja serveeri kookosjogurti või jäätisega.

38. Dragon Fruit ja Quinoa Bowl

KOOSTISOSAD:
- 1 draakoni vili
- 2 tassi keedetud kinoat
- ½ tassi murendatud fetajuustu
- ½ tassi hakitud kurki
- ½ tassi tükeldatud kirsstomateid
- 2 spl hakitud värsket piparmünti
- 2 spl oliiviõli
- 1 spl mett
- Sool ja pipar maitse järgi

JUHISED:
a) Lõika draakonivili pooleks ja eemalda viljaliha.
b) Segage suures kausis kinoa, fetajuust, kurk, kirsstomatid ja piparmünt.
c) Vahusta eraldi kausis oliiviõli, mesi, sool ja pipar.
d) Voldi kaste kinoa segusse, kuni see on hästi segunenud.
e) Voldi sisse draakoni viljaliha.
f) Serveeri jahutatult salati- või segarohelisepeenral.

39. Draakoni puuvilja- ja krabikauss

KOOSTISOSAD:
- 1 draakoni vili, tükeldatud
- ½ naela tükk krabiliha
- ¼ tassi majoneesi
- ¼ tassi kreeka jogurtit
- 2 spl hakitud murulauku
- 1 spl sidrunimahla
- Sool ja pipar maitse järgi

JUHISED:

a) Sega keskmises kausis majonees, kreeka jogurt, murulauk, sidrunimahl, sool ja pipar.

b) Voldi õrnalt sisse kuubikuteks lõigatud draakonivili ja tükikesed krabiliha.

c) Enne serveerimist jahuta vähemalt 30 minutit.

40. Draakonipuu waldorfkauss

KOOSTISOSAD:
- 1 tk draakonivili küps, kuubikuteks lõigatud
- 1 tükk roheline õun kuubikuteks lõigatud
- 1 tükk punast õuna kuubikuteks lõigatud
- ½ tassi pooleks lõigatud punaseid viinamarju
- ¼ tassi koriandrit hakitud
- ⅓ tassi Kreeka jogurtit
- 2 spl munavaba majoneesi
- 1 tl laimimahla
- 2 teelusikatäit mett
- ½ tl soola
- ½ tl riivitud ingverit
- 2 spl hakitud mandleid
- 2 spl india pähkleid hakitud
- 1 spl hakitud kreeka pähkleid
- 5-6 lehte salatit

JUHISED:
a) Võtke kaussi kuubikuteks lõigatud draakonivili, punane õun ja roheline õun.
b) Teises väikeses kausis vahustage jogurt, mesi, majonees, sool, ingver ja laimimahl.
c) Valage valmistatud kaste kuubikuteks lõigatud puuviljadele.
d) Järgmisena lisage viinamarjad, hakitud mandlid, india pähklid, kreeka pähklid ja koriander.
e) Viska kokku, veendudes, et kaste kataks puuviljad hästi.
f) Pane salat vähemalt 30 minutiks külmkappi. Serveeri külmalt salatipeenral

GRANAATÕUNAKAUSI

41. Granaatõuna kaerahelbekauss

KOOSTISOSAD:
- 1 tass tavalist kaera
- 2 tassi mandlipiima
- ¼ tl vaniljeekstrakti
- 6 spl granaatõunaseemneid
- ¼ tl jahvatatud kaneeli
- Nirista vahtrasiirup

JUHISED:
a) Kuumuta mandlipiim madalal keemiseni.
b) Lisage kaer, segage ja vähendage kuumust madala-keskmise temperatuurini.
c) Küpseta 5–10 minutit.
d) Sega juurde vanill ja kaneel.
e) Serveeri 2 kausis.
f) Tõsta peale granaatõunaarielid ja tilk vahtrasiirupit.

42. Hirss, riis ja granaatõun

KOOSTISOSAD:
- 2 tassi õhukest pohe
- 1 tass paisutatud hirssi või riisi
- 1 tass paksu petipiima
- ½ tassi granaatõuna tükid
- 5-6 karrilehte
- ½ tl sinepiseemneid
- ½ tl köömneid
- ⅛ tl asafoetida
- 5 tl õli
- Suhkur maitse järgi
- Soola maitse järgi
- Värske või kuivatatud kookospähkel - purustatud
- Värsked koriandri lehed

JUHISED:
a) Kuumuta õli ja lisa siis sinepiseemned.
b) Lisage köömneseemned, asafoetida ja karri lehed, kui need hüppavad.
c) Asetage pohe kaussi.
d) Sega õli maitseainesegu, suhkur ja sool.
e) Kui pohe on jahtunud, segage see jogurti, koriandri ja kookospähkliga.
f) Serveeri koriandri ja kookospähkliga.

43. Mason jar peet, granaatõun ja rooskapsas

KOOSTISOSAD:
- 3 keskmist peeti
- 1 spl oliiviõli
- Koššersool ja värskelt jahvatatud must pipar, maitse järgi
- 1 tass farro
- 4 tassi beebispinatit või lehtkapsast
- 2 tassi rooskapsast, õhukeselt viilutatud
- 3 klementiini, kooritud ja segmenteeritud
- ½ tassi pekanipähklit, röstitud
- ½ tassi granaatõunaseemneid

MEE-DIJONI PUNAVEINIVIINIGRETT
- ¼ tassi ekstra neitsioliiviõli
- 2 spl punase veini äädikat
- ½ šalottsibul, hakitud
- 1 spl mett
- 2 tl täistera sinepit
- Koššersool ja värskelt jahvatatud must pipar, maitse järgi

JUHISED:
a) Kuumuta ahi 400 kraadini F. Vooderda küpsetusplaat fooliumiga.
b) Aseta peedid fooliumile, nirista peale oliiviõli ning maitsesta soola ja pipraga.
c) Koti moodustamiseks keerake fooliumi kõik 4 külge kokku. Küpseta kuni kahvli pehmeks, 35 kuni 45 minutit; lase jahtuda, umbes 30 minutit.
d) Puhta paberrätikuga hõõruge peet koorte eemaldamiseks; lõika hammustuse suurusteks tükkideks.
e) Küpsetage farro vastavalt pakendi juhistele, seejärel laske jahtuda.
f) Jaga peedid 4 laia suuga kaanega klaaspurki. Kõige peale lisa spinat või lehtkapsas, farro, rooskapsas, klementiinid, pekanipähklid ja granaatõunaseemned.

VIINIGRETTI KOHTA:
g) Vahusta oliiviõli, äädikas, šalottsibul, mesi, sinep ja 1 spl vett; maitsesta soola ja pipraga maitse järgi. Katke ja hoidke külmkapis kuni 3 päeva.
h) Serveerimiseks lisa igasse purki vinegrett ja loksuta. Serveeri kohe.

44. Lõhe granaatõuna ja kinoaga

KOOSTISOSAD:
- 4 lõhefileed, nahata
- ¾ tassi granaatõunamahla, suhkruvaba
- ¼ tassi apelsinimahla, suhkruvaba
- 2 supilusikatäit apelsinimarmelaadi/moosi
- 2 supilusikatäit küüslauku, hakitud
- Sool ja pipar maitse järgi
- 1 tass kinoa, keedetud
- Paar oksakest koriandrit

JUHISED:
a) Sega keskmises kausis granaatõunamahl, apelsinimahl, apelsinimarmelaad ja küüslauk. Maitsesta soola ja pipraga ning kohanda maitset vastavalt oma eelistustele.
b) Kuumuta ahi 400 F-ni. Määri ahjuvorm pehme võiga. Aseta lõhe ahjupannile, jättes fileede vahele 1-tollise ruumi.
c) Küpseta lõhet 8-10 minutit. Seejärel võta pann ettevaatlikult ahjust välja ja vala sisse granaatõunasegu. Jälgi, et lõhe pealmine osa oleks seguga ühtlaselt kaetud. Pane lõhe tagasi ahju ja küpseta veel 5 minutit või kuni see on täielikult küpsenud ja granaatõunasegu on muutunud kuldseks glasuuriks.
d) Kuni lõhe küpseb, valmista kinoa. Keeda 2 tassi vett keskmisel kuumusel ja lisa quinoa. Keeda 5-8 minutit või kuni vesi on imendunud. Tõsta kuumus maha, aja kinoa kahvliga kohevaks ja pane kaas tagasi. Laske järelejäänud kuumusel kinoal veel 5 minutit küpseda.
e) Tõsta granaatõunaga glasuuritud lõhe serveerimisnõusse ja puista peale värskelt hakitud koriandrit. Serveeri lõhet koos kinoaga.

45. Jeruusalemma artišokk granaatõunaga

KOOSTISOSAD:
- 500 g Jeruusalemma artišokki
- 3 spl ekstra neitsioliiviõli
- 1 tl nigella seemneid
- 2 spl piinia pähkleid
- 1 spl mett
- 1 granaatõun, pikisuunas poolitatud
- 3 supilusikatäit granaatõuna melassi
- 3 spl fetat, purustatud
- 2 spl lamedate lehtedega peterselli, hakitud
- Sool ja must pipar

JUHISED:

a) Kuumuta ahi temperatuurini 200C/400F/gaasimärk 6. Puhastage artišokid korralikult läbi ja seejärel poolitage või veerandige need olenevalt suurusest. Tõsta need ühe kihina suurele ahjuplaadile ja nirista peale 2 spl õli. Maitsesta korralikult soola ja pipraga ning puista seejärel nigella seemnetega. Rösti 20 minutit või kuni servad on krõbedad. Viimase 4 minuti jooksul lisa artišokkidele piiniaseemned ja mesi.

b) Vahepeal puista granaatõunaseemned välja. Lööge suure kausi ja raske puulusikaga iga poolitatud granaatõuna külgi, kuni kõik seemned on välja hüppanud. Eemaldage süsi. Valage mahl väikesesse kaussi ning lisage granaatõunasiirup ja ülejäänud oliiviõli. Segage kuni segunemiseni.

c) Kui artišokid ja piiniaseemned on valmis, tõsta lusikaga serveerimisvaagnale, millele on puistatud seemned. Vala kõige peale kaste ja lõpetuseks puista serveerimiseks fetat ja peterselli.

46. Kapsa ja granaatõuna kauss

KOOSTISOSAD:
- 1 tass kapsast - riivitud
- ½ granaatõuna, seemned eemaldatud
- ¼ supilusikatäit sinepiseemneid
- ¼ supilusikatäit köömneid
- 4-5 karrilehte
- Näpista asafoetida
- 1 spl õli
- Sool ja suhkur maitse järgi
- Sidrunimahl maitse järgi
- Värsked koriandri lehed

JUHISED:
a) Kombineeri granaatõun ja kapsas.
b) Kuumuta sinepiseemned pannil koos õliga.
c) Lisa pannile köömneseemned, karrilehed ja asafoetida.
d) Kombineeri vürtsisegu kapsaga.
e) Lisa suhkur, sool ja sidrunimahl ning sega korralikult läbi.
f) Serveeri koriandriga kaunistatult.

47. Porgandi ja granaatõuna kauss

KOOSTISOSAD:
- 2 porgandit - riivitud
- ½ granaatõuna, seemned eemaldatud
- ¼ supilusikatäit sinepiseemneid
- ¼ supilusikatäit köömneid
- 4-5 karrilehte
- Näpista asafoetida
- 1 spl õli
- Sool ja suhkur maitse järgi
- Sidrunimahl - maitse järgi
- Värsked koriandri lehed

JUHISED:
a) Kombineeri granaatõun ja porgand.
b) Kuumuta sinepiseemned pannil koos õliga.
c) Lisa köömned, karrilehed ja asafoetida.
d) Kombineeri vürtsisegu porgandiga.
e) Lisa suhkur, sool ja sidrunimahl.
f) Serveeri koriandriga kaunistatult.

48. Squashi ja granaatõuna kauss

KOOSTISOSAD:
- 1 väike kõrvits tükkideks lõigatud, kooritud, seemnetest eemaldatud
- 1 spl oliiviõli
- 1 granaatõuna seemned
- 100g spinati ja rukola lehti
- Peotäis värsket piparmünti
- Suur peotäis värsket koriandrit
- 3 suurt porgandit, kooritud ja riivitud
- 2 apelsini, kooritud, kooritud ja viiludeks lõigatud
- 1 sidruni koor
- 20 g kreeka pähkleid või piinia pähkleid
- 20 g datleid, tükeldatud
- Sool ja must pipar

RIIDEMISEKS
- 2 spl agaavisiirupit
- ½ apelsini mahl
- ½ sidruni mahl
- 1 spl pähkliõli

JUHISED:
a) Kuumuta ahi temperatuurini 180C/350F/gaasmärk 4. Määri kõrvitsatükid oliiviõliga ning maitsesta soola ja pipraga. Vala röstimisvormi ja küpseta umbes 40 minutit või kuni see on pehme. Jahutage veidi.
b) Laota salatilehed oma serveerimistaldriku põhjale. Haki piparmündi- ja koriandrilehed peeneks ning sega kokku riivitud porgandiga. Maitsesta vähese soola ja pipraga, seejärel laota lehtedele.
c) Aseta peale apelsiniviilud. Lisa röstitud kõrvitsalõigud, seejärel granaatõunaseemned ning kreeka pähkli- ja datlitükid.
d) Sega kastme koostisosad väikeses kausis kokku, seejärel nirista serveerimiseks salatitaldrikule.

GREIPI KAUSID

49. Tsitrusviljade ja Radicchio kauss datlitega

KOOSTISOSAD:
- 2 punast greipi
- 3 apelsini
- 1 tl suhkrut
- ½ tl lauasoola
- 3 supilusikatäit ekstra neitsioliiviõli
- 1 väike šalottsibul, hakitud
- 1 tl Dijoni sinepit
- 1 väike radicchio pea (6 untsi), poolitatud, puhastatud südamikust ja õhukesteks viiludeks
- ⅔ tassi tükeldatud kivideta datleid, jagatud
- ½ tassi suitsumandleid, tükeldatud, jagatud

JUHISED:
a) Lõika greipidelt ja apelsinidelt ära koor ja säsi. Lõika kõik puuviljad pooleks, seejärel lõigake risti ¼ tolli paksusteks viiludeks.
b) Tõsta kaussi, raputa üle suhkru ja soolaga ning lase 15 minutit seista.
c) Nõruta puuviljad kausi kohale asetatud peene silmaga sõelaga, jättes alles 2 supilusikatäit mahla. Laota puuviljad ühtlase kihina serveerimisvaagnale ja nirista peale õli.
d) Klopi keskmises kausis kokku reserveeritud tsitruseliste mahl, šalottsibul ja sinep.
e) Lisa radicchio, ⅓ tassi datleid ja ¼ tassi mandleid ning viska õrnalt katteks. Maitsesta soola ja pipraga maitse järgi.
f) Asetage radicchio segu puuviljade peale, jättes servade ümber 1-tollise puuviljaäärise.
g) Puista peale ülejäänud ⅓ tassi datleid ja ülejäänud ¼ tassi mandleid. Serveeri.

50. Roosa punane sametkauss

KOOSTISOSAD:
SALAT
- 4 tervet porgandit
- ⅓ keskmist punast sibulat, viilutatud
- 1 suur peet
- 1 roosa greip, tükeldatud
- 1 peotäis jämedalt hakitud pistaatsiapähkleid

VIINIGRETT
- ½ tassi oliiviõli
- ¼ tassi riisiveini äädikat
- 1 tl sinepit
- 1 tl vahtrasiirup
- 1-2 küüslauguküünt, hakitud
- soola ja pipart maitse järgi

JUHISED:
a) Viilutage peet keskmisteks viiludeks ja asetage mikrolaineahjus kasutatavasse anumasse, katke ja mikrostage, kuni kahvel on pehme.
b) Raseerige porgandikoorijaga igalt porgandilt pikad ribad, kuni jõuate südamikuni ja enam raseerida ei saa. Salvestage südamikud hilisemaks mugimiseks.
c) Suures kausis asetage kõik salati koostisosad, välja arvatud pistaatsiapähklid.
d) Asetage teise kaussi kõik kastme koostisosad ja vahustage kuni emulgeerumiseni.
e) Kui olete valmis salatit serveerima, valage see üle katmiseks piisava kastmega ja reserveerige ülejäänu homseks salatiks.
f) Puista peale pistaatsiapähklid ja ongi valmis.

51. Greibi, peedi ja sinihallitusjuustu kauss

KOOSTISOSAD:
- ½ hunnik kressi; jämedad varred ära visatud
- 1 greip
- 1 unts sinihallitusjuust; lõika väikesteks õhukesteks viiludeks
- 2 Kooritud keedetud peet, jämedalt riivitud
- 4 tl ekstra-neitsioliiviõli
- 1 spl palsamiäädikat
- Jäme sool maitse järgi
- Jämedalt jahvatatud pipar maitse järgi

JUHISED:
a) Jaga kress 2 salatitaldriku vahel ning lao peale dekoratiivselt greibilõigud ja juust.
b) Segage väikeses kausis peet, 2 tl õli ja äädikas ning jagage salatite vahel.
c) Nirista salateid ülejäänud õliga ning maitsesta soola ja pipraga.

52. Kihiline värskete puuviljade kauss

KOOSTISOSAD:
- ½ tl riivitud apelsinikoort
- ⅔ tassi apelsinimahla
- ½ tl riivitud sidrunikoort
- ⅓ tassi sidrunimahla
- ⅓ tassi pakendatud helepruuni suhkrut
- 1 kaneelipulk

PUUVILJA SALAT:
- 2 tassi kuubikuteks lõigatud värsket ananassi
- 2 tassi viilutatud värskeid maasikaid
- 2 keskmist kiivi, kooritud ja viilutatud
- 3 keskmist banaani, viilutatud
- 2 keskmist apelsini, kooritud ja tükeldatud
- 1 keskmine punane greip, kooritud ja tükeldatud
- 1 tass seemneteta punaseid viinamarju

JUHISED:
a) Keeda esimesed 6 koostisosa kastrulis. Alanda kuumust ja hauta 5 minutit ilma kaaneta.
b) Laske täielikult jahtuda ja visake kaneelipulk ära.
c) Tehke suures klaaskausis puuviljakihid. Määri pealt mahlaseguga.
d) Kata kaanega ja hoia mitu tundi külmkapis.

53. Greibi- ja avokaadokauss

KOOSTISOSAD:
- 1 greip, segmenteeritud
- 1 avokaado, viilutatud
- 2 tassi segatud rohelisi
- ¼ tassi viilutatud punast sibulat
- 2 spl oliiviõli
- 1 spl mett
- 1 spl valge veini äädikat
- Sool ja pipar, maitse järgi

JUHISED:
a) Segage suures segamiskausis segatud rohelised ja punane sibul.
b) Kastme valmistamiseks vahustage eraldi kausis oliiviõli, mesi, valge veini äädikas, sool ja pipar.
c) Lisage greibilõigud ja avokaadoviilud segamisnõusse koos segatud rohelise ja punase sibulaga.
d) Nirista peale kaste ja viska kõik kokku.
e) Serveeri kohe.

GOJI MARJAKAUSS

54. Kookose-kinoa hommikusöögikausid

KOOSTISOSAD:
- 1 spl kookosõli
- 1½ tassi punast või musta kinoat, loputatud
- 14 untsi purk magustamata heledat kookospiima ja veel serveerimiseks
- 4 tassi vett
- Peen meresool
- supilusikatäit mett, agaavi- või vahtrasiirupit
- 2 tl vaniljeekstrakti
- Kookose jogurt
- Mustikad
- Goji marjad
- Röstitud kõrvitsaseemned
- Röstitud magustamata kookoshelbed

JUHISED:

d) Kuumuta potis õli keskmisel kuumusel. Lisa kinoa ja rösti umbes 2 minutit, sega sageli. Segage aeglaselt kookospiima purk, vesi ja näputäis soola. Kinoa hakkab alguses mullitama ja purskuma, kuid settib kiiresti.

e) Kuumuta keemiseni, seejärel kata kaanega, alanda kuumust ja hauta kuni pehme kreemja konsistentsini, umbes 20 minutit. Eemaldage tulelt ja segage mesi, agaav, vahtrasiirup ja vanill.

f) Serveerimiseks jaga kinoa kausside vahel. Kõige peale lisa kookospiim, kookosjogurt, mustikad, goji marjad, kõrvitsaseemned ja kookoshelbed.

55. Mangold, Goji marjad ja pistaatsiakauss

KOOSTISOSAD:
- 2 spl oliiviõli
- 1 väike punane sibul, hakitud
- 2 küüslauguküünt, hakitud
- 1 hunnik vikerkaare mangoldit, peeneks hakitud
- Sool ja värskelt jahvatatud must pipar
- 1/3 tassi goji marju
- 1/3 tassi soolamata kooritud pistaatsiapähklit

JUHISED:
a) Kuumuta suurel pannil õli keskmisel kuumusel. Lisage sibul, katke ja küpseta, kuni see on pehmenenud, umbes 5 minutit. Lisa küüslauk ja kuumuta segades pehmeks 30 sekundit.
b) Lisage mangold ja küpseta segades kuni närbumiseni 3–4 minutit. Maitsesta soola ja pipraga ning küpseta kaaneta, aeg-ajalt segades, kuni pehme, umbes 5–7 minutit.
c) Lisage goji marjad ja pistaatsiapähklid ning segage. Serveeri kohe.

56. Goji avokaado pähkli tsitruseline kauss

KOOSTISOSAD:
- 4 tassi salati rohelisi
- 1 avokaado, viilutatud
- 1 apelsin, kooritud, viilutatud
- ½ tassi kreeka pähkleid
- ½ tassi värskeid või kuivatatud goji marju

RIIDEMINE
- 1 spl ekstra neitsioliiviõli
- ½ sidruni, mahl
- ¼ teelusikatäit meresoola
- ¼ teelusikatäit värskelt purustatud pipratera

JUHISED:
a) Viska kokku, nirista peale kaste ja serveeri!

57. Goji kauss Aloe Vera kastmega

KOOSTISOSAD:
- ¼ tassi Aloe Vera mahla
- 1 laimi mahl
- ½ tassi Goji marju
- 2 supilusikatäit külmkuivatatud granaatõunaarilli
- Viinamarjad, õunad, mustikad, maasikad või teie valitud värsked puuviljad

JUHISED:
a) Lõika kõik puuviljad tükkideks ja pane serveerimisnõusse.
b) Lisa kõik ülejäänud koostisosad, sega hoolikalt ja serveeri!

58. Veisekauss marineeritud goji marjadega

KOOSTISOSAD:
- 2 ribi-silma pihvi
- India pähkli kaste

MARINAADI JAOKS:
- 2 laimi koor
- 3 spl laimimahla
- 2 küüslauguküünt, hakitud
- 1 spl värskelt riivitud ingverit
- 1 spl mett
- 2 tl kalakastet
- 1 spl röstitud seesamiõli
- 2 spl taimeõli

marineeritud GOJI MARJADE KOHTA:
- 3 spl õunasiidri äädikat, soojendatud
- 2 teelusikatäit mett
- ½ tl peent soola
- ⅓ tassi Goji marju

SALATI JAOKS:
- 4 minikurki, õhukeselt viilutatud
- 1 väike lilla kapsas, tükeldatud
- 1 väike roheline kapsas, hakitud
- 2 porgandit, kooritud ja õhukeselt raseeritud
- 4 talisibulat, peeneks viilutatud
- 1 punane tšilli, seemned kraabitud ja peeneks viilutatud
- ½ tassi kumbagi värsket piparmünt, koriandrit ja basiilikut
- 2 spl röstitud seesamiseemneid, lõpetuseks
- ¼ tl kuivatatud punaseid tšillihelbeid

JUHISED:

a) Marinaadi jaoks pane kõik koostisosad väikesesse segamisnõusse ja vispelda ühtlaseks.
b) Asetage praed mittereaktiivsesse nõusse. Nirista peale pool marinaadist. Kata kinni ja aseta mitmeks tunniks külmkappi marineerima. Hoidke reserveeritud marinaad salati valmistamiseks.
c) Marineeritud goji marjade jaoks sega kõik koostisosad kausis kokku. Tõsta 30 minutiks leotamiseks kõrvale.
d) Marineeritud pihvid tõsta enne grillimist toatemperatuurile. Kuumutage Le Creuset 30 cm malmist madalat grillresti kuumaks. Prae praed keskmisel kuumusel 3-4 minutit. Pöörake ja küpseta veel 3 minutit või kuni see on teie maitse järgi valmis. Enne viilutamist puhata 5-7 minutit.
e) Asetage kõik salati koostisosad, välja arvatud seesamiseemned, suurde kaussi. Lisa reserveeritud marinaad ja sega kergelt läbi. Tõsta salat serveerimistaldrikule. Laota viilutatud praad salatile. Puista seesamiseemnetega ja serveeri kõrvale india pähkli kastet.

59. Squash Goji kausid

KOOSTISOSAD:
- 2 keskmist tõrukõrvitsat
- 4 tl kookosõli
- 1 spl vahtrasiirupit või fariinsuhkrut
- 1 tl garam masala
- Peen meresool
- 2 tassi tavalist kreeka jogurtit
- Granola
- Goji marjad
- Granaatõuna arilid
- Tükeldatud pekanipähklid
- Röstitud kõrvitsaseemned
- Pähklivõi
- Kanepiseemned

JUHISED:
a) Kuumuta ahi temperatuurini 375 ° F.
b) Lõika kõrvits varrest alla pooleks. Koorige seemned välja ja visake ära. Pintselda mõlema poole viljaliha õli ja vahtrasiirupiga ning puista peale garam masala ja näpuotsatäis meresoola. Asetage kõrvits ääristatud küpsetusplaadile lõikepool allapoole. Küpseta pehmeks, 35–40 minutit.
c) Pöörake kõrvits ümber ja jahutage veidi.
d) Serveerimiseks täitke iga kõrvitsapool jogurti ja granolaga. Tõsta peale goji marju, granaatõunaarilli, pekanipähklit ja kõrvitsaseemneid, nirista peale pähklivõid ja puista üle kanepiseemnetega.

60. Goji supertoit Jogurtikauss

KOOSTISOSAD:
- 1 tass Kreeka jogurtit
- 1 tl kakaopulbrit
- ½ tl vanilli
- Granaatõuna seemned
- Kanepiseemned
- Chia seemned
- Goji marjad
- Mustikad

JUHISED:
a) Sega kõik koostisosad kausis kokku.

61. Goji Berry Smoothie Bowl

KOOSTISOSAD:
- 1/2 tassi külmutatud segatud marju
- 1/2 külmutatud banaani
- 1/2 tassi mandlipiima
- 1/4 tassi goji marju
- Lisandid: viilutatud banaan, värsked marjad, riivitud kookospähkel ja granola.

JUHISED:
Sega külmutatud marjad, külmutatud banaan, mandlipiim ja goji marjad segistis ühtlaseks massiks. Vala segu kaussi ja lisa lisandid.

62. Goji Berry kaerahelbekauss

KOOSTISOSAD:
- 1 tass keedetud kaerahelbeid
- 1/4 tassi goji marju
- 1 spl chia seemneid
- 1 spl mett
- Lisandid: viilutatud banaan ja värsked marjad.

JUHISED:
a) Sega kausis keedetud kaerahelbed, goji marjad, chia seemned ja mesi.
b) Kõige peale tõsta viilutatud banaan ja värsked marjad.

63. Goji Berry Chia pudingukauss

KOOSTISOSAD:
- 1/2 tassi chia seemneid
- 1 1/2 tassi mandlipiima
- 1/4 tassi goji marju
- 1 spl mett
- Lisandid: viilutatud banaan ja värsked marjad.

JUHISED:
a) Sega kausis chia seemned, mandlipiim, goji marjad ja mesi.
b) Lase külmkapis seista vähemalt 1 tund või üleöö.
c) Kõige peale tõsta viilutatud banaan ja värsked marjad.

64. Goji Berry Tropical Smoothie Bowl

KOOSTISOSAD:
- 1 tass külmutatud segatud troopilisi puuvilju
- 1/2 külmutatud banaani
- 1/2 tassi kookospiima
- 1/4 tassi goji marju
- Lisandid: viilutatud banaan, värsked marjad, riivitud kookospähkel ja granola.

JUHISED:

Sega külmutatud segatud troopilised puuviljad, külmutatud banaan, kookospiim ja goji marjad segistis ühtlaseks massiks. Vala segu kaussi ja lisa lisandid.

GRILLIDEGA PUUVILJAKAUSID

65. Grillitud pirni ja sinihallitusjuustu kauss

KOOSTISOSAD:
- 30 grammi võid; (1 unts)
- 4 pehmet magustoidupirni
- 175 grammi Dolcelatte juustu; (6 untsi)
- Segatud salatilehed
- Sool ja must pipar
- Vinegrett

JUHISED:
a) Kuumuta grill.
b) Sulata või ja maitsesta kergelt. Poolita pirnid, eemalda südamikud ja lõika viljaliha lehvikuteks, jättes varreotsad lõikamata.
c) Vajutage lehvikuid õrnalt, et puu tasandaks, ja pintselda maitsevõiga.
d) Küpseta grilli all kuni pruunistumiseni.
e) Segmenteerige või viilutage juust ja jagage tükid pirnide vahel, kuhjake juust aeglaselt peale.
f) Tõsta tagasi tulele ja küpseta, kuni juust hakkab mullitama.
g) Vahepeal riietage lehed ja asetage need igale neljale taldrikule.
h) Tõsta pirnid aeglaselt grillpannilt ja aseta igale salatitaldrikule 2 poolikut. Maitsesta soola ja pipraga ning serveeri

66. Grillitud arbuusikauss

KOOSTISOSAD:
- 4 paksu arbuusi viilu, koor eemaldatud
- 4 tassi rukolat
- ½ tassi purustatud fetajuustu
- ¼ tassi hakitud piparmündi lehti
- ¼ tassi balsamico glasuuri

JUHISED:
a) Kuumuta grill kõrgele kuumusele.
b) Grilli arbuusiviile mõlemalt poolt 1-2 minutit, kuni need on kergelt söestunud.
c) Laota rukola serveerimisvaagnale.
d) Tõsta peale grillitud arbuusiviilud, murendatud fetajuust ja hakitud piparmündilehed.
e) Nirista peale balsamico glasuur ja serveeri.

67. Grillitud virsiku ja rukola kauss

KOOSTISOSAD:
- 3 virsikut poolitatuna ja kivideta
- 4 tassi rukolat
- ¼ tassi hakitud värsket piparmünti
- ¼ tassi murendatud fetajuustu
- 2 spl palsamiäädikat
- 2 spl oliiviõli
- Sool ja must pipar

JUHISED:
a) Kuumuta grill keskmisel-kõrgel kuumusel.
b) Pintselda virsikupoolikud oliiviõliga ning maitsesta soola ja musta pipraga.
c) Grilli virsikupoolikuid 2-3 minutit mõlemalt poolt või kuni grillimisjäljed ilmuvad.
d) Eemaldage grillilt ja laske jahtuda.
e) Lõika grillitud virsikud suupistesuurusteks tükkideks.
f) Sega suures kausis rukola, grillitud virsikutükid, hakitud piparmünt ja murendatud fetajuust.
g) Vispelda väikeses kausis kokku palsamiäädikas ja oliiviõli.
h) Nirista palsamiviinerit salatile ja sega kokku.
i) Maitsesta soola ja musta pipraga maitse järgi.
j) Serveeri kohe.

68. Grillitud ananassi ja avokaado kauss

KOOSTISOSAD:
- 1 värske ananass, kooritud ja südamik
- 2 avokaadot, kivideta ja viilutatud
- 4 tassi segatud rohelisi
- ¼ tassi hakitud värsket koriandrit
- 2 spl laimimahla
- 2 spl oliiviõli
- Sool ja must pipar

JUHISED:
a) Lõika ananass 1-tollisteks ringideks.
b) Pintselda ananassiringid oliiviõliga ning maitsesta soola ja musta pipraga.
c) Kuumuta grill keskmisel-kõrgel kuumusel.
d) Grilli ananassitükke mõlemalt poolt 2-3 minutit või kuni need on kergelt söestunud.
e) Eemaldage grillilt ja laske jahtuda.
f) Lõika grillitud ananass suupistesuurusteks tükkideks.
g) Sega suures kausis kokku segatud rohelised, grillitud ananassitükid, viilutatud avokaadod ja hakitud koriander.
h) Vispelda väikeses kausis laimimahl ja oliiviõli.
i) Nirista laimikaste salatile ja sega ühtlaseks.
j) Maitsesta soola ja musta pipraga maitse järgi.
k) Serveeri kohe.

69. Grillitud kivipuuviljakauss

KOOSTISOSAD:
- 2 virsikut poolitatuna ja kivideta
- 2 nektariini poolitatuna ja kivideta
- 2 ploomi poolitatuna ja kivideta
- 2 spl oliiviõli
- 1 spl mett
- 2 spl hakitud värsket basiilikut
- 2 spl murendatud kitsejuustu
- Sool ja must pipar

JUHISED:
a) Kuumuta grill keskmisel-kõrgel kuumusel.
b) Pintselda poolitatud luuviljad oliiviõliga.
c) Grilli luuvilju 2-3 minutit mõlemalt poolt või kuni need on kergelt söestunud.
d) Eemaldage grillilt ja laske jahtuda.
e) Lõika grillitud luuviljad hammustuste suurusteks tükkideks.
f) Sega suures kausis grillitud luuviljad, mesi, hakitud basiilik ja murendatud kitsejuust.
g) Maitsesta soola ja musta pipraga maitse järgi.
h) Serveeri jahutatult.

70. Grillitud virsiku ja prosciutto kauss

KOOSTISOSAD:
- 4 virsikut poolitatuna ja kivideta
- 4 prosciutto viilu
- 4 tassi beebispinatit
- ¼ tassi murendatud kitsejuustu
- 2 spl oliiviõli
- 2 spl balsamico glasuuri
- Sool ja must pipar

JUHISED:
a) Kuumuta grill keskmisel-kõrgel kuumusel.
b) Pintselda virsikupoolikud oliiviõliga ning maitsesta soola ja musta pipraga.
c) Grilli virsikupoolikuid 2-3 minutit mõlemalt poolt või kuni need on kergelt söestunud.
d) Eemaldage grillilt ja laske jahtuda.
e) Mähi iga virsikupoole ümber prosciutto viil.
f) Sega suures kausis beebispinat, murendatud kitsejuust ja grillitud virsikupoolikud.
g) Nirista salatile balsamicoglasuuri ja sega kokku.
h) Serveeri jahutatult.

71. Grillitud ananassi ja krevettide kauss

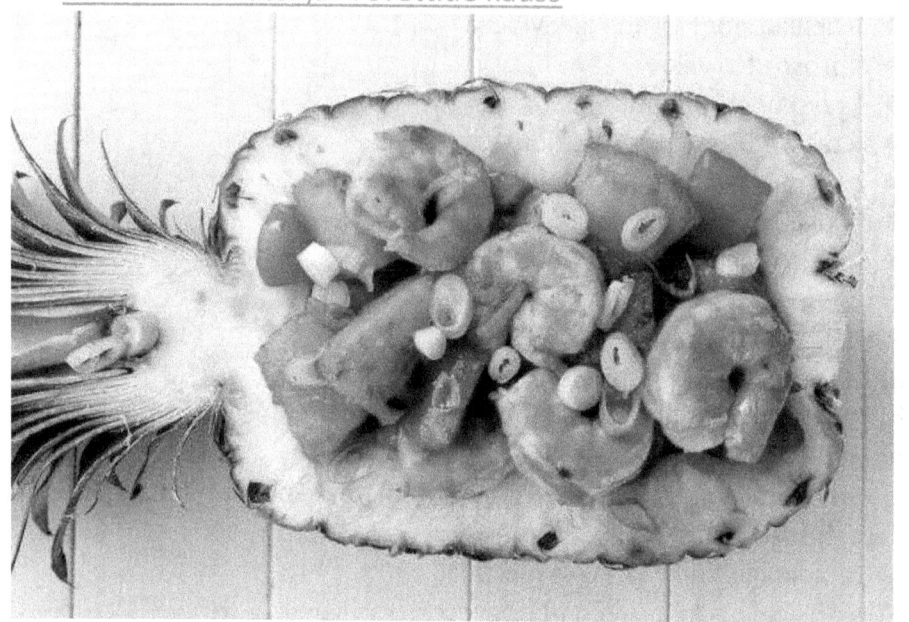

KOOSTISOSAD:
- 1 küps ananass, kooritud ja tükkideks lõigatud
- 1 nael suurt krevetti, kooritud ja tükeldatuna
- 2 spl oliiviõli
- 2 spl laimimahla
- ¼ tassi hakitud värsket koriandrit
- Sool ja must pipar

JUHISED:
a) Kuumuta grill keskmisel-kõrgel kuumusel.
b) Sega väikeses kausis oliiviõli, laimimahl, hakitud koriander, sool ja must pipar.
c) Lõika ananassitükid ja krevetid varrastele.
d) Pintselda vardad oliiviõli seguga.
e) Grilli vardaid 2-3 minutit mõlemalt poolt või kuni krevetid on roosad ja läbi küpsenud.
f) Eemaldage grillilt ja laske jahtuda.
g) Lõika grillitud ananass suupistesuurusteks tükkideks.
h) Segage suures kausis grillitud ananass, krevetid ja ülejäänud oliiviõli segu.
i) Serveeri jahutatult.

72. Grillitud viigimarja ja halloumi kauss

KOOSTISOSAD:
- 6 küpset viigimarja, poolitatud
- 8 untsi halloumi juustu, viilutatud
- 4 tassi segatud rohelisi
- ¼ tassi hakitud värsket peterselli
- ¼ tassi hakitud kreeka pähkleid
- 2 supilusikatäit mett
- 2 spl oliiviõli
- 2 spl punase veini äädikat
- Sool ja must pipar

JUHISED:
a) Kuumuta grill keskmisel-kõrgel kuumusel.
b) Pintselda viigimarjapoolikud ja halloumi viilud oliiviõliga ning maitsesta soola ja musta pipraga.
c) Grilli viigimarju ja halloumit mõlemalt poolt 2-3 minutit või kuni need on kergelt söestunud.
d) Eemaldage grillilt ja laske jahtuda.
e) Segage suures kausis segatud rohelised, hakitud petersell, hakitud kreeka pähklid, grillitud viigimarjad ja grillitud halloumi.

73. Laimiga grillitud banaanid

KOOSTISOSAD:
- 2 või 3 laimi
- 2 spl helepruuni suhkrut
- $1/3$ tassi vett
- küpsed banaanid
- 2 spl vegan margariini
- 2 spl purustatud soolamata grillitud india pähkleid või maapähkleid
- 2 spl hakitud magustatud kookospähklit

JUHISED:
a) Kuumuta grill temperatuurini 350 ° F. Kasutage laimidest 4 pikka kooreriba eemaldamiseks kanalikoort. Keera ribad kokku ja tõsta kõrvale, et kasutada kaunistusena.

b) Valmistage laimidest mahl ja koor: 2 supilusikatäit mahla ja 1 tl peent koort. Kõrvale panema.

c) Sega väikeses potis suhkur ja vesi ning kuumuta keemiseni. Alanda kuumust ja hauta 30 sekundit, segades, et suhkur lahustuks.

d) Tõsta pliidilt ja lisa reserveeritud laimimahl ja koor. Kõrvale panema.

e) Lõika banaanid pikuti osadeks ja laota madalasse ahjuvormi (hästi sobib ovaalne gratiinvorm).

f) Vala peale suhkrusiirup ja määri margariinitükkidega. piserdage India pähklite ja kookospähkliga ning küpsetage 20 minutit, aeg-ajalt pestes.

g) Serveeri reserveeritud laimi keerdudega.

74. Grillitud puuviljad mango maitsega

KOOSTISOSAD:
- 1 banaan, segmenteeritud diagonaalis
- 1 õun, lõigatud kaheksandikku
- 4 spl konserveeritud ingverisiirupit
- 2 spl riisiveini äädikat
- 2 supilusikatäit kuubikuteks lõigatud koriandrit
- 2 supilusikatäit oliiviõli

MANGO MAITS:
- 1 mango, tükeldatud
- 1 spl kuubikuteks lõigatud šalottsibul
- 1 spl kuubikuteks lõigatud piparmünt
- 1 tl Taimeõli
- Sool ja pipar

JUHISED:
a) Tõsta banaanid ja õunad leotatud puuvarrastele.
b) Sega ingverisiirup, äädikas, koriander ja õli.
c) Grilli vardasid, pintseldades neid sageli ingverisiirupi seguga, kuni need on kergelt pruunid ja krõbedad.
d) Segage maitseaine koostisosad ja asetage portsjoni jaoks ilusasse nõusse.
e) Serveeri soojalt.

75. Grillitud puuviljavaagen

KOOSTISOSAD:
- ½ tass valge viinamarjamahla
- ¼ tassi suhkrut
- 1 ananass, kooritud, puhastatud südamikust ja lõigatud ½-tollisteks tükkideks
- 2 küpset musta või lillat ploomi, poolitatud ja kivideta
- 2 küpset virsikut poolitatuna ja kivideta
- 2 küpset banaani, poolitatud pikuti

JUHISED:
a) Kuumuta grill. Kuumuta väikeses kastrulis keskmisel kuumusel segades viinamarjamahla ja suhkrut, kuni suhkur lahustub. Tõsta tulelt ja tõsta kõrvale jahtuma.

b) Tõsta puuviljad kuumale grillile ja grilli olenevalt puuviljast 2–4 minutit.

c) Laota grillitud puuviljad serveerimisvaagnale ja nirista peale siirup. Serveeri toatemperatuuril.

76. Grillitud karri värsked puuviljad

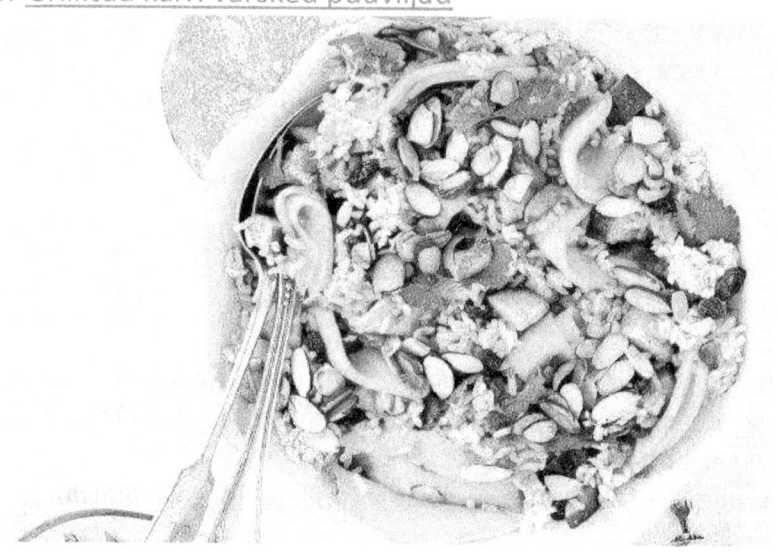

KOOSTISOSAD:
- Vaniljejäätis
- 1 tass IGA, meloni ja meloni pallid
- 1 tass ananassikuubikuid, värske või konserveeritud, nõrutatud
- 2 spl Võid
- ¼ tassi pakitud pruuni suhkrut
- 1 spl karripulbrit

JUHISED:
a) Asetage melonipallid ja ananassitükid 8-tollisele ruudukujulisele fooliumpannile.
b) Valage 1 tass vett teisele 8-tollisele ruudukujulisele fooliumpannile. Asetage puuvilju sisaldav pann vett sisaldavasse panni. Sulata väikeses potis või mõõdukalt madalal kuumusel, sega hulka suhkur ja karripulber.
c) Tõsta võisegu lusikaga ühtlaselt puuviljadele
d) Asetage pannid grillile.
e) Grilli mõõdukalt madalal kuumusel 10-15 minutit või kuni kaste on mullitav

77. Grillitud Mango Salsa

KOOSTISOSAD:
- 2 küpset mangot, kooritud ja kuubikuteks lõigatud
- ½ punast sibulat, peeneks hakitud
- 1 jalapeño pipar, seemnetest puhastatud ja peeneks hakitud
- ¼ tassi hakitud värsket koriandrit
- 2 spl laimimahla
- 1 spl oliiviõli
- Sool ja must pipar

JUHISED:
a) Kuumuta grill keskmisel-kõrgel kuumusel.
b) Pintselda mangotükid oliiviõliga ning maitsesta soola ja musta pipraga.
c) Grilli mangotükke 2-3 minutit mõlemalt poolt või kuni grillimisjäljed ilmuvad.
d) Eemaldage grillilt ja laske jahtuda.
e) Sega keskmises kausis grillitud mango, punane sibul, jalapeño pipar, koriander, laimimahl ja oliiviõli.
f) Maitsesta soola ja musta pipraga maitse järgi.
g) Serveeri tortillakrõpsudega või grillkana või kala lisandina.

ROHELISED KAUSID

78. Roheline Açaí kauss puuviljade ja marjadega

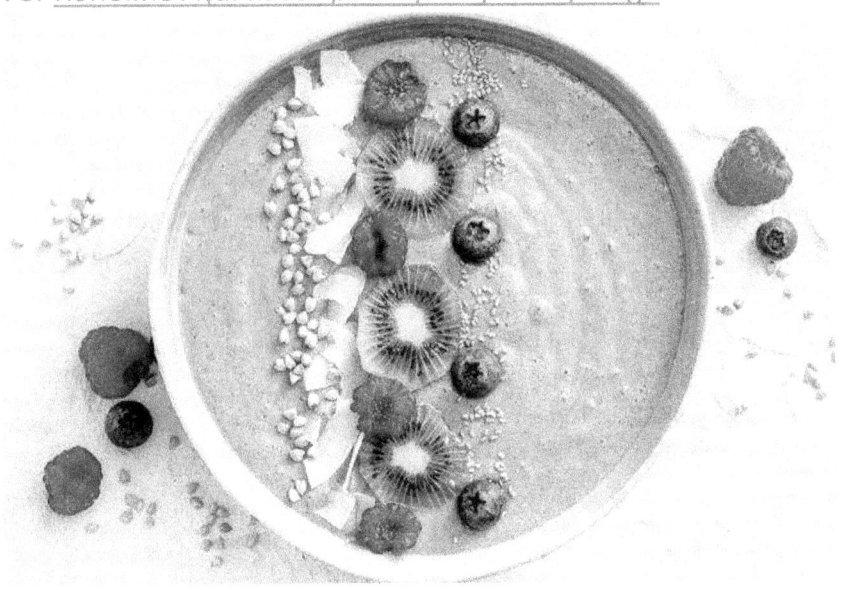

KOOSTISOSAD:
- ½ Açaí püree
- ⅛ Tass šokolaadikanepipiima
- ½ banaani
- 2 supilusikatäit kanepivalgu pulbrit
- 1 tl Maca
- Lisandid: värsked hooajalised puuviljad, kanepiseemned, värske banaan, kuldsed marjad. Valged moorusmarjad, Goji marjad, kiivi

JUHISED:
a) Pane kõik blenderisse, blenderda päris paksuks – vajadusel lisa vedelikku – ja kalla kaussi.
b) Lisage puuvilju ja kõike muud, mis teile meeldib!

79. Roheline jumalanna kauss

KOOSTISOSAD:
- 1 külmutatud banaan
- 1/2 tassi külmutatud ananassi
- 1/2 tassi spinatit
- 1/2 tassi kookosvett
- Lisandid: viilutatud banaan, värsked marjad ja granola.

JUHISED:
a) Sega külmutatud banaan, külmutatud ananass, spinat ja kookosvesi segistis ühtlaseks massiks.
b) Vala segu kaussi ja lisa lisandid.

80. Roheline jõukauss

KOOSTISOSAD:
- 1/2 tassi külmutatud segatud troopilisi puuvilju
- 1/2 külmutatud banaani
- 1/2 tassi lehtkapsast
- 1/2 tassi kookosvett
- Lisandid: viilutatud banaan, värsked marjad ja granola.

JUHISED:
a) Sega külmutatud segatud troopilised puuviljad, külmutatud banaan, lehtkapsas ja kookosvesi segistis ühtlaseks massiks.
b) Vala segu kaussi ja lisa lisandid.

81. Roheline avokaadokauss

KOOSTISOSAD:
- 1/2 avokaadot
- 1/2 tassi külmutatud ananassi
- 1/2 tassi spinatit
- 1/2 tassi kookosvett
- Lisandid: viilutatud banaan, värsked marjad ja granola.

JUHISED:
a) Sega avokaado, külmutatud ananass, spinat ja kookosvesi segistis ühtlaseks massiks.
b) Vala segu kaussi ja lisa lisandid.

82. Roheline Matcha kauss

KOOSTISOSAD:
- 1 külmutatud banaan
- 1/2 tassi külmutatud segatud marju
- 1 tl matcha pulbrit
- 1/2 tassi mandlipiima
- Lisandid: viilutatud banaan, värsked marjad ja granola.

JUHISED:
a) Sega külmutatud banaan, külmutatud segatud marjad, matcha pulber ja mandlipiim segistis ühtlaseks massiks.
b) Vala segu kaussi ja lisa lisandid.

VALGUKAUSID

83. Maapähklivõi banaanikauss

KOOSTISOSAD:
- 1 banaan, viilutatud
- 1/4 tassi maapähklivõid
- 1/4 tassi hakitud maapähkleid
- 1 spl mett
- 1/4 tassi granola

JUHISED:

a) Laota banaaniviilud kaussi. Küpseta maapähklivõid mikrolaineahjus 10 sekundit, et oleks kergem niristada. Nirista maapähklivõi banaanidele, seejärel raputa peale hakitud maapähklid, mesi ja granola.

84. Šokolaadi valgukauss

KOOSTISOSAD:
- 1 lusikas šokolaadivalgupulbrit
- 1 tass mandlipiima
- 1 banaan, viilutatud
- 1 spl chia seemneid
- Lisandid: viilutatud mandlid ja riivitud kookospähkel

JUHISED:
a) Sega kausis valgupulber ja mandlipiim. Kõige peale lisa viilutatud banaan, chia seemned, viilutatud mandlid ja hakitud kookospähkel.

85. Kodujuustu puuviljakauss

KOOSTISOSAD:
- 1 tass kodujuustu
- 1/2 tassi viilutatud virsikuid
- 1/2 tassi viilutatud maasikaid
- 1/4 tassi hakitud kreeka pähkleid
- 1 spl mett

JUHISED:
a) Sega kausis kodujuust ja mesi.
b) Kõige peale tõsta viilutatud virsikud, viilutatud maasikad ja hakitud kreeka pähklid.

86. Tofu marjakauss

KOOSTISOSAD:
- 1/2 tassi siidist tofut
- 1/2 tassi segatud marju (mustikad, vaarikad, maasikad)
- 1 spl mett
- 1/4 tassi granola

JUHISED:
a) Blenderda siidine tofu ja mesi segistis ühtlaseks massiks.
b) Kõige peale sega marjad ja granola.

87. Troopilise valgu puuviljakauss

KOOSTISOSAD:
- 1 tass kreeka jogurtit
- 1/2 tassi kuubikuteks lõigatud ananassi
- 1/2 tassi tükeldatud mangot
- 1/4 tassi viilutatud banaani
- 2 supilusikatäit hakitud kookospähklit
- 2 spl hakitud mandleid

JUHISED:
a) Lisa kaussi põhjaks kreeka jogurt.
b) Laota jogurti peale tükeldatud ananass, mango ja viilutatud banaan.
c) Puista puuviljadele hakitud kookospähkel ja hakitud mandlid.
d) Serveeri jahtunult ja naudi!

88. Berry Blast Protein Fruit Bowl

KOOSTISOSAD:
- 1 tass kodujuustu
- 1/2 tassi segatud marju (nagu acai, maasikad, mustikad ja vaarikad)
- 1/4 tassi granola
- 1 supilusikatäis chia seemneid
- 1 supilusikatäis mett (valikuline)

JUHISED:
a) Tõsta lusikaga kaussi põhjaks kodujuust.
b) Puista segatud marjad kodujuustu peale.
c) Puista marjadele granola ja chia seemned.
d) Soovi korral nirista kaussi peale mett magususe lisamiseks.
e) Serveeri ja naudi marjast headust!

89. Šokolaadi-maapähklivõi valgu-puuviljakauss

KOOSTISOSAD:
- 1 tass tavalist jogurtit
- 1/4 tassi viilutatud maasikaid
- 1/4 tassi viilutatud banaane
- 2 spl maapähklivõid
- 1 spl kakaopulbrit
- 1 supilusikatäis mett (valikuline)
- 1 spl purustatud maapähkleid

JUHISED:
a) Määri kaussi põhjaks maitsestamata jogurt.
b) Laota jogurti peale viilutatud maasikad ja banaanid.
c) Väikeses mikrolaineahjus kasutatavas kausis segage maapähklivõi ja kakaopulber. Mikrolaineahjus paar sekundit, et segu pehmeneks.
d) Nirista maapähklivõi ja kakaosegu puuviljadele.
e) Soovi korral lisa magususe saamiseks mett.
f) Puista kaussi peale purustatud maapähkleid.
g) Nautige šokolaadi, maapähklivõi ja puuviljade meeldivat kombinatsiooni!

BUDHHA KAUSID

90. Buddha marjakauss

KOOSTISOSAD:
- 1/2 tassi külmutatud segatud marju
- 1/2 külmutatud banaani
- 1/2 tassi kreeka jogurtit
- 1/4 tassi granola
- Lisandid: viilutatud banaan, värsked marjad ja riivitud kookospähkel.

JUHISED:
a) Sega kausis külmutatud marjad, külmutatud banaan, kreeka jogurt ja granola.
b) Tõsta peale viilutatud banaan, värsked marjad ja hakitud kookospähkel.

91. Buddha roheline puuviljakauss

KOOSTISOSAD:
- 1/2 tassi külmutatud ananassi
- 1/2 külmutatud banaani
- 1/2 tassi spinatit
- 1/2 tassi mandlipiima
- 1 spl mett
- Lisandid: viilutatud banaan, värsked marjad ja granola.

JUHISED:
a) Sega külmutatud ananass, külmutatud banaan, spinat, mandlipiim ja mesi segistis ühtlaseks massiks.
b) Vala segu kaussi ja lisa lisandid.

92. Buddha troopiliste puuviljade kauss

KOOSTISOSAD:
- 1/2 tassi külmutatud segatud troopilisi puuvilju
- 1/2 külmutatud banaani
- 1/2 tassi kookosvett
- 1 spl chia seemneid
- Lisandid: viilutatud banaan, värsked marjad ja granola

JUHISED:
a) Sega külmutatud segatud troopilised puuviljad, külmutatud banaan, kookosvesi ja chia seemned segistis ühtlaseks massiks.
b) Vala segu kaussi ja lisa lisandid.

93. Buddha maapähklivõi banaanikauss

KOOSTISOSAD:
- 1/2 tassi kreeka jogurtit
- 1/4 tassi maapähklivõid
- 1/2 külmutatud banaani
- 1/4 tassi granola
- Lisandid: viilutatud banaan ja värsked marjad.

JUHISED:
a) Sega kausis kreeka jogurt, maapähklivõi, külmutatud banaan ja granola.
b) Kõige peale tõsta viilutatud banaan ja värsked marjad.

94. Buddha šokolaadikauss

KOOSTISOSAD:
- 1/2 tassi külmutatud segatud marju
- 1/2 külmutatud banaani
- 1/2 tassi mandlipiima
- 1 spl kakaopulbrit
- Lisandid: viilutatud banaan, värsked marjad ja granola.

JUHISED:
a) Sega külmutatud marjad, külmutatud banaan, mandlipiim ja kakaopulber segistis ühtlaseks massiks.
b) Vala segu kaussi ja lisa lisandid.

95. Õunapirukas Farro hommikusöögikausid

KOOSTISOSAD:

- 2 õuna, tükeldatud, jagatud
- 1 tass (165 g) pärlitega farrot
- 4 tassi (940 ml) vett
- 1½ tassi (355 ml) piima (piima või mittepiima)
- 1 tl (2 g) jahvatatud kaneeli
- ½ tl jahvatatud ingverit
- $1/8$ teelusikatäit vürtspipart
- Peen meresool
- 2 supilusikatäit (30 ml) vahtrasiirupit, mett või agaavi
- ½ tl vaniljeekstrakti
- Röstitud pekanipähklid
- Rosinad
- Röstitud kõrvitsaseemned
- Kanepiseemned

JUHISED:

a) Lisage üks tükeldatud õuntest koos farro, vee, piima, kaneeli, ingveri, pimenti ja näpuotsaga soolaga keskmisesse kastrulisse ning segage. Kuumuta keemiseni. Alandage kuumust madalaks, katke kaanega ja hautage aeg-ajalt segades, kuni see on pehme, 30–35 minutit. Kogu vedelik ei imendu. Eemaldage tulelt, segage vahtrasiirup, mesi või agaav ja vanill, seejärel katke kaanega ja aurutage 5 minutit.

b) Serveerimiseks jaga farro kausside vahel. Lisa ülejäänud õun ja raputa peale pekanipähklid, rosinad, kõrvitsaseemned ja kanepiseemned.

96. Granaatõuna ja Freekeh Tabbouleh kausid

KOOSTISOSAD:

- ¾ tassi (125 g) krakitud freekeh
- 2 tassi (470 ml) vett
- Peen meresool ja värskelt jahvatatud must pipar
- 1 krõbe õun, südamikust puhastatud ja kuubikuteks lõigatud, jagatud
- 1 tass (120 g) granaatõunaarilli
- ½ tassi (24 g) hakitud värsket piparmünti
- 1 supilusikatäis (15 ml) ekstra neitsioliiviõli
- 1½ supilusikatäit (23 ml) apelsiniõievett
- 2 tassi (480 g) tavalist kreeka jogurtit
- Röstitud soolamata mandlid, hakitud

JUHISED:

a) Segage freekeh, vesi ja näputäis soola keskmises kastrulis. Kuumuta keemiseni, seejärel alanda kuumust ja hauta aeg-ajalt segades 15 minutit, kuni kogu vedelik on imendunud ja freekeh on pehme. Tõsta tulelt, kata kaanega ja auruta umbes 5 minutit. Tõsta freekeh kaussi ja jahuta täielikult.

b) Lisage freekehile pool õunast ja granaatõun, piparmünt, oliiviõli ja paar jahvatatud pipart ning segage hästi.

c) Segage apelsiniõievesi jogurtisse, kuni see on hästi segunenud.

d) Serveerimiseks jaga freekeh kausside vahel. Vala peale apelsinilõhnaline jogurt, ülejäänud õun ja mandlid.

97. C-vitamiini papaiakausid

KOOSTISOSAD:
- 4 supilusikatäit (40 g) amaranti, jagatud
- 2 väikest küpset papaiat (igaüks umbes 1 nael ehk 455 g)
- 2 tassi (480 g) kookosjogurtit
- 2 kiivit, kooritud ja kuubikuteks lõigatud
- 1 suur roosa greip, kooritud ja segmenteeritud
- 1 suur nabaapelsin, kooritud ja segmenteeritud
- Kanepiseemned
- Mustad seesamiseemned

JUHISED:
a) Kuumuta kõrget laia kastrulit keskmisel-kõrgel kuumusel mitu minutit. Kontrollige, kas pann on piisavalt kuum, lisades paar tera amaranti. Need peaksid värisema ja hüppama mõne sekundi jooksul. Kui ei, siis kuumuta panni minut kauem ja katseta uuesti. Kui pann on piisavalt kuum, lisa 1 supilusikatäis (10 g) amaranti. Terad peaksid hakkama hüppama mõne sekundi jooksul. Kata pott kaanega ja raputa aeg-ajalt, kuni kõik terad on paisunud. Valage poputatud amarant kaussi ja korrake ülejäänud amarantiga, 1 supilusikatäis (10 g) korraga.
b) Lõika papaiad pikuti pooleks, varrest sabani, seejärel eemalda ja visake seemned ära. Täida kumbki pool poputatud amarandi ja kookosjogurtiga. Tõsta peale kiivi-, greibi- ja apelsinitükid ning puista peale kanepi- ja seesamiseemneid.

98. Murakahirsi hommikusöögikaussid

KOOSTISOSAD:
- 1 tass (165 g) kuumtöötlemata hirssi
- 2 tassi (470 ml) piima (piima või mittepiima)
- 1½ tassi (355 ml) vett
- 1½ tassi (220 g) murakad, jagatud
- ½ tl jahvatatud ingverit
- Peen meresool
- 3 supilusikatäit (60 g) mett, lisaks veel katteks
- 1 tl (5 ml) vaniljeekstrakti
- 2 supilusikatäit (30 ml) värskelt pressitud sidrunimahla
- 1 tass (240 g) tavalist kreeka jogurtit
- Röstitud kreeka pähklid, hakitud
- Magustamata röstitud kookoshelbed

JUHISED:

a) Segage keskmises kastrulis hirss, piim, vesi, ½ tassi (75 g) marju, ingver ja näpuotsaga soola. Kuumuta keemiseni, seejärel alanda kuumust, kata kaanega ja hauta, kuni see on pehme, kuid mitte kogu vedelik on imendunud, umbes 15 minutit. Sega aeg-ajalt ja purusta marjad lusikaga, kui need pehmenevad.

b) Tõsta tulelt ja auruta kaanega 5 minutit. Sega hulka mesi ja vanill.

c) Vahepeal vispelda sidrunimahl jogurti hulka.

d) Serveerimiseks jaga hirss kausside vahel. Vala peale jogurtisegu, ülejäänud 1 tass (145 g) murakad, kreeka pähklid, kookospähkel ja tilk mett.

99. Granaatõuna squashi hommikusöögikaussid

KOOSTISOSAD:
- 2 keskmist tõrukõrvitsat
- 4 tl (20 g) kookosõli
- 1 spl (15 ml) vahtrasiirupit või pruuni suhkrut
- 1 tl (2 g) garam masala
- Peen meresool
- 2 tassi (480 g) tavalist kreeka jogurtit
- Granola
- Goji marjad
- Granaatõuna arilid
- Tükeldatud pekanipähklid
- Röstitud kõrvitsaseemned
- Pähklivõi
- Kanepiseemned

JUHISED:
a) Kuumuta ahi temperatuurini 375 °F (190 °C või gaasimärgis 5).
b) Lõika kõrvits varrest alla pooleks. Koorige seemned välja ja visake ära. Pintselda mõlema poole viljaliha õli ja vahtrasiirupiga ning puista peale garam masala ja näpuotsatäis meresoola. Asetage kõrvits ääristatud küpsetusplaadile lõikepool allapoole. Küpseta pehmeks, 35–40 minutit.
c) Pöörake kõrvits ümber ja jahutage veidi.
d) Serveerimiseks täitke iga kõrvitsapool jogurti ja granolaga. Tõsta peale goji marju, granaatõunaarilli, pekanipähklit ja kõrvitsaseemneid, nirista peale pähklivõid ja puista üle kanepiseemnetega.

100. Roosad greibi-, kana- ja odrakausid

KOOSTISOSAD:
- ¾ tassi (125 g) pärliga otra
- 2¼ tassi (530 ml) vett
- Koššersool ja värskelt jahvatatud must pipar
- 3 keskmist apteegitilli sibulat, kärbitud ja suurteks tükkideks lõigatud
- 2 supilusikatäit (30 ml) avokaado- või ekstra neitsioliiviõli, jagatud, pluss veel kana jaoks
- ¼ tassi (24 g) dukkah
- 1 nael (455 g) kondita, nahata kanarind
- 2 pakitud topsid (40 g) rukola
- 1 roosa greip, kooritud ja segmenteeritud
- 2 avokaadod, kooritud, kivideta ja kuubikuteks lõigatud
- 1 retsept Sidruni Tahini kaste
- Apteegitilli lehed, kaunistuseks

JUHISED:

a) Kuumuta ahi temperatuurini 400 °F (200 °C või gaasimärgis 6).
b) Sega keskmises kastrulis oder, vesi ja näpuotsatäis soola. Kuumuta keemiseni, seejärel kata, alanda kuumust ja hauta pehmeks 30–40 minutit.
c) Viska apteegitillile 1 supilusikatäis (15 ml) õli, soola ja pipraga. Asetage ühe kihina ääristatud küpsetusplaadi ühele küljele. Rösti 15 minutit, samal ajal kui valmistad kana.
d) Vahepeal aseta dukkah madalasse kaussi või taldrikule. Määri kana kergelt õliga ja määri igast küljest dukkah'ga. Kuumutage ülejäänud 1 supilusikatäis (15 ml) õli suurel pannil keskmisel-kõrgel kuumusel. Lisa kana ja prae, kuni dukkah on kergelt pruunistunud, 3–4 minutit mõlemalt poolt. Eemaldage küpsetusplaat ahjust, segage apteegitilli ja asetage kana teisele poole. Jätkake küpsetamist, kuni kana on läbi küpsenud, olenevalt paksusest 6–10 minutit kauem. Lase kana paar minutit puhata, seejärel viiluta.
e) Serveerimiseks jaga oder ja rukola kaussidesse. Lisage viilutatud kana, apteegitilli, greibitükid ja avokaado. Nirista peale Lemon Tahini kastet ja kaunista apteegitilli lehtede ja lisapuista dukkah'ga.

Rohkem võimalusi Dukkah kasutamiseks

Dukkah on märkimisväärselt mitmekülgne. Lisaks kanalihale saab sellega katta kõike alates muust lihast kuni kala, tofu ja tempehani. Puista see röstitud köögiviljade pannile või sega pliidil praetud rohelistesse.

KOKKUVÕTE

Loodame, et teile meeldis meiega superpuuviljakausside maailmaga tutvumine! Nende toitaineterikaste kausside lisamine oma dieeti võib olla suurepärane viis oma tervise ja heaolu parandamiseks. Kuna valida on nii paljude maitsvate ja lihtsalt valmistatavate retseptide vahel, pole põhjust superpuuviljakausse mitte proovida. Ükskõik, kas otsite kiiret ja lihtsat hommikusööki, tervislikku suupistet või kerget lõunasööki, on need kausid ideaalne lahendus.

Ärge unustage koostisosi segada ja sobitada, et luua oma ainulaadsed superpuuviljakausid. Ärge kartke katsetada erinevate puuviljade, seemnete ja supertoitudega, et leida endale kõige sobivam kombinatsioon. Ja mis kõige tähtsam, lõbutsege ja nautige teekonda tervema elu poole!

www.ingramcontent.com/pod-product-compliance
Lightning Source LLC
Chambersburg PA
CBHW050158130526
44591CB00034B/1316